Mit Online-Materialien!

deutsch.training 5/6

LESEN FÖRDERN UND TRAINIEREN 1

Arbeitsheft für die Klassen 5 und 6

Sabine Utheß
auf der Grundlage von Materialien
aus deutsch.punkt und deutsch.werk

Ernst Klett Verlag
Stuttgart · Leipzig

INHALT

LESEN UND ÜBEN 42

AUF DEN SPUREN DER ENTDECKER 42

MIT FAMILIE UND FREUNDEN 56

MÄRCHENHAFTES – SPANNENDES – UNGLAUBLICHES 74

ANHANG 92

SCHÄTZE DEINE LESEFORTSCHRITTE SELBST EIN

Diese Kapitel habe ich bearbeitet:

KAPITEL	SEITE	BEARBEITET AM	PRÜFE DICH SELBST GEMACHT AM	WEITER GEÜBT IN DEN THEMATISCHEN KAPITELN AM
Lesegewohnheiten	12			
Flüssig lesen	13–15			
Beim Lesen mitdenken und vorausschauen	15 f.			
Fehlerfrei lesen	17			
Betont lesen	18–20			
Sich für eine Lesestrategie entscheiden	24			
Überfliegendes Lesen	25 f.			
Suchendes Lesen	27			
Genaues Lesen: Beim Lesen Vermutungen anstellen, Zusammenhänge erfassen	28 f.			
Genaues Lesen: Unbekannte Wörter und unklare Textstellen klären	30			
Genaues Lesen: Schlüsselwörter markieren	31			
Genaues Lesen: Beim Lesen Sinnabschnitte feststellen	32–34			

Diese Texte aus den Kapiteln „Lesen = Abenteuer + Wissen", „Auf den Spuren der Entdecker", „Mit Familie und Freunden" und „Märchenhaftes – Spannendes – Unglaubliches" habe ich gelesen und bearbeitet:

TEXT	SEITE	GELESEN AM	BEARBEITET AM
Matilda (Buchausschnitt)	6–8		
Traumbuch	9		
Es geschieht …	9		
Ich hätte Nein sagen können (Buchausschnitt)	10		
Bedingungen des Überlebens auf dem Meer	42		
Freiwilliger Schiffbrüchiger an Bord	44		
Aufreibende Nächte auf See	45		
Michel Siffre – ein Reisender außerhalb der Zeit	46		
„Die Zeit hat von nun an keine Bedeutung mehr"	48		
Kolumbus' große Entdeckung	49		
Portugiesische Entdecker	51		
Das Leben der Seeleute an Bord (Ausschnitte)	53 f.		
Alter John (Buchausschnitte)	56–58		
Mundhalten	59		
Liebe große Schwester	60		
Die Geburtstagsparty	60		
Kleines Glückwunschgedicht	61		

TEXT	SEITE	GELESEN AM	BEARBEITET AM
Feierabend	62 f.		
Gefährlischer Tausch (Buchausschnitte)	63–66, 68		
Um fünf an der Brücke	69–71		
Fernsehabend	73		
Mutter sagt immer Nein	73		
Die Geiß und die sieben Wölflein	74 f.		
Der alte Wolf	76		
Der Wolf und die sieben Geißlein – eine Richtigstellung	76 f.		
Der Riese und die Erdbeerkonfitüre	78 f.		
Jorinde und Joringel	80 f.		
Die Weiber von Weinsberg	83		
Loreleisage	84		
Die Lorelei	84		
Wie Eulenspiegel die Kranken heilte	85 f.		
Wie Münchhausen auf der Kanonenkugel ritt	86 f.		
Mio, mein Mio (Buchausschnitt)	87–89		
Das Kind unter dem Umhang	90 f.		

Diese drei Texte haben mir am besten gefallen:

Dieses Buch habe ich schon gelesen oder möchte es bald lesen:

Das kann ich gut:

Das habe ich gut gelernt:

Das muss ich noch üben:

1 Lesen, Lesen, Lesen

Roald Dahl: Matilda (Ausschnitt)

Matilda ist ein hochbegabtes und lernbegieriges Mädchen. Ihre Eltern hingegen sind ziemlich beschränkt und kümmern sich nicht um sie.

Mit *anderthalb* Jahren redete sie fehlerlos und kannte ebenso viele Wörter wie die Erwachsenen. Statt dass die Eltern sie lobten, beschimpften sie sie als nervtötende Plappertasche und sagten streng, brave Mädchen wolle man sehen, aber nicht hören.

Im Alter von *drei* Jahren hatte sich Matilda das Lesen beigebracht, indem sie die Zeitungen und Illustrierten studierte, die im ganzen Haus herumlagen. Im Alter von *vier* Jahren konnte sie rasch und fließend lesen und fing natürlich an, sich sehnsüchtig nach Büchern umzuschauen. […]

„Papa", sagte sie, „kannst du mir nicht ein Buch kaufen?" „Ein *Buch?*", fragte er. „Wozu brauchst du ein verdammtes Buch?" „Zum Lesen, Papa." „Und was hast du gegen das Fernsehen, um Himmels willen? Wir haben einen fabelhaften Fernsehapparat mit einem Riesenbildschirm, und jetzt kommst du und willst ein Buch? Mädchen, Mädchen, du bist ganz schön verwöhnt!" […]

An dem Nachmittag, an dem sich ihr Vater geweigert hatte, ihr ein Buch zu kaufen, machte sich Matilda ganz allein auf und ging in die Gemeindebücherei. Dort stellte sie sich der Bibliothekarin vor, Frau Phelps. Sie fragte, ob sie sich ein bisschen hinsetzen und ein Buch lesen dürfe. Frau Phelps, etwas verwirrt, dass so ein kleines Mädchen ohne elterliche Begleitung bei ihr auftauchte, hieß sie trotzdem herzlich willkommen.

„Wo bitte sind die Kinderbücher?", erkundigte sich Matilda. „Da drüben auf den unteren Regalen", erklärte ihr Frau Phelps. „Möchtest du vielleicht, dass ich dir ein schönes mit vielen Bildern heraussuche?" „Nein danke", antwortete Matilda, „ich kann das schon alleine."

Von nun an bummelte Matilda an jedem Nachmittag, sobald ihre Mutter zum Bingo gefahren war, zur Bücherei. Der Weg war nur zehn Minuten lang, und so blieben ihr zwei herrliche Stunden, in denen sie friedlich in einer gemütlichen Ecke hockte und ein Buch nach dem anderen verschlang. Nachdem sie alle Kinderbücher gelesen hatte, die es dort gab, machte sie sich auf die Suche nach etwas anderem.

Frau Phelps, die sie in den vergangenen Wochen gebannt beobachtet hatte, kam nun hinter ihrem Tisch hervor und ging zu ihr. „Kann ich dir helfen, Matilda?", fragte sie.

„Ich überleg mir gerade, was ich als Nächstes lesen soll", antwortete Matilda, „mit den Kinderbüchern bin ich durch." „Du meinst, du hast dir alle Bilder angeschaut?" „Ja, aber gelesen hab ich die Bücher auch."

Frau Phelps schaute von ihrer großen Höhe zu Matilda hinab, und Matilda blickte geradewegs zu ihr empor. „Ein paar hab ich ziemlich schwach gefunden", sagte Matilda, „aber ein paar andere waren zu schön. Am besten hat mir ‚Der geheime Garten' gefallen. Da gab's so viel Geheimnis drin. Das Geheimnis von dem Raum hinter der verschlossenen Tür und das Geheimnis von dem Garten hinter der hohen Mauer."

Frau Phelps stand da wie vom Donner gerührt. „Wie alt bist du eigentlich genau, Matilda?", fragte sie. „Vier Jahre und drei Monate", antwortete Matilda. Das raubte Frau Phelps erst recht die Fassung, aber sie war vernünftig genug, es nicht zu zeigen.

„Was für ein Buch würdest du denn gerne als Nächstes lesen?", fragte sie.

Matilda erwiderte: „Am liebsten ein wirklich gutes, eins, das Erwachsene lesen. Ein berühmtes Buch. Ich kenn aber noch nicht die Namen."

Frau Phelps musterte die Bücherreihen und ließ sich dabei Zeit. Sie wusste nicht genau, was sie anbieten sollte. Wie wählt man nur, überlegte sie, ein berühmtes Erwachsenenbuch für ein vierjähriges Mädchen aus? Ihr erster Gedanke war, ein Jugendbuch herauszuziehen, eine von diesen süßlichen Geschichten, die für fünfzehnjährige Schulmädchen geschrieben werden, aber dann merkte sie, wie sie instinktiv an diesem speziellen Regal vorüberging.

„Versuch es einmal mit diesem“, sagte sie schließlich, „es ist sehr berühmt und sehr gut. Wenn's zu dick für dich ist, dann sag mir nur Bescheid, und ich suche dir etwas Kürzeres und Leichteres heraus.“

„‚Große Erwartungen‘“, las Matilda, „von Charles Dickens. Das probier ich gerne.“

Ich muss verrückt sein, sagte sich Frau Phelps insgeheim, aber Matilda entgegnete sie: „Aber gerne.“ Im Lauf der folgenden Nachmittage konnte Frau Phelps kaum die Augen von dem kleinen Mädchen lösen, das stundenlang in dem großen Armsessel im hintersten Winkel des Raumes mit dem Buch auf dem Schoß saß. […] Die einzige Bewegung des lesenden Kindes bestand darin, dass es von Zeit zu Zeit die Hand hob und eine Seite umblätterte. Frau Phelps war immer wieder traurig, wenn es für sie an der Zeit war, in den hintersten Winkel zu gehen und zu sagen: „Es ist zehn vor fünf, Matilda.“

In der ersten Woche von Matildas Besuchen hatte Frau Phelps sie gefragt: „Bringt dich deine Mutter jeden Tag hierher und holt dich dann wieder ab?“ „Meine Mutter fährt jeden Nachmittag nach Aylesbury und spielt Bingo“, hatte Matilda erwidert, „sie weiß nicht, dass ich herkomme.“ „Aber das ist sicher nicht richtig“, wandte Frau Phelps ein, „ich finde, du solltest sie lieber fragen.“ „Das finde ich nicht“, antwortete Matilda, „sie hält nichts vom Lesen. Mein Vater auch nicht.“

„Und was sollst du jeden Nachmittag in einem leeren Haus machen?“ „Nur so rumhängen und fernsehen.“ „Aha.“

„Es ist ihr egal, was ich tue“, setzte Matilda ein bisschen traurig hinzu.

Frau Phelps machte sich Sorgen, wie Matilda heil und sicher durch die ziemlich verkehrsreiche Hauptstraße und über die große Kreuzung nach Hause kam, aber sie beschloss, sich nicht einzumischen.

Innerhalb einer Woche hatte Matilda „Große Erwartungen“ ausgelesen, ein Buch, das in dieser Ausgabe vierhundertelf Seiten hatte. „Das war wunderschön“, sagte sie zu Frau Phelps, „hat Herr Dickens noch andere Bücher geschrieben?“ „Ziemlich viele“, antwortete die verblüffte Frau Phelps, „soll ich dir eins raussuchen?“

Im Lauf der nächsten sechs Monate las Matilda, stets aufmerksam und liebevoll von Frau Phelps beobachtet. […] Mittlerweile platzte Frau Phelps fast vor Staunen und Aufregung, und es war vermutlich nur gut, dass sie sich nicht gestattete, vollkommen den Kopf zu verlieren. Fast jeder andere, der die Fortschritte dieses kleinen Kindes verfolgt hätte, wäre der Versuchung erlegen und hätte einen ungeheuren Wirbel veranstaltet und das Wunder in der ganzen Stadt heraustrompetet. Nicht so Frau Phelps. Sie gehörte zu den Menschen, die sich nur um die eigenen Angelegenheiten kümmern, und sie hatte schon längst entdeckt, dass es sich nicht auszahlte, wenn man sich bei anderer Leute Kindern einmischte.

Ernest Hemingway: Schriftsteller

„Herr Hemingway schreibt vieles, was ich nicht verstehe“, sagte Matilda zu ihr, „besonders über Männer und Frauen. Aber es hat mir trotzdem gefallen. So wie er es erzählt, hab ich das Gefühl, ich wäre dabei und schaute zu, wie alles passiert.“

„Dieses Gefühl wird dir ein guter Schriftsteller immer vermitteln“, entgegnete Frau Phelps, „und kümmere dich nicht um die Kleinigkeiten, die du nicht verstehen kannst. Lehn dich einfach zurück und lass dich von den Wörtern umspielen wie von Musik.“ „Ja, das will ich tun.“

„Hast du gewusst“, fuhr Frau Phelps fort, „dass du dir in öffentlichen Büchereien so wie dieser hier Bücher ausleihen und mit nach Hause nehmen kannst?“ „Das hab ich nicht gewusst“, entgegnete Matilda, „dürfte ich das auch machen?“

„Natürlich", sagte Frau Phelps, „wenn du ein Buch ausgesucht hast, brauchst du es mir nur zu bringen, dann schreib ich's auf, und es gehört dir für zwei Wochen. Wenn du willst, kannst du dir auch mehr als eins ausleihen."

Von da an tauchte Matilda nur noch einmal in der Woche in der Bücherei auf, um sich neue Bücher zu holen und die ausgelesenen zurückzubringen. Ihr eigenes kleines Schlafzimmer verwandelte sich in ein Lesezimmer, und dort saß sie nun an den meisten Nachmittagen und las, wobei oft ein Becher mit heißer Schokolade neben ihr stand. […]

Es war gemütlich, einen heißen Schluck mit hinauf in ihr Zimmer zu nehmen und neben sich zu haben, wenn sie nachmittags in der stillen Stube im leeren Hause saß und las. Die Bücher führten sie in neue Welten und machten sie mit erstaunlichen Menschen bekannt, die ein aufregendes Leben führten. Mit Joseph Conrad stach sie auf altmodischen Segelschiffen in See. Ernest Hemingway folgte sie nach Afrika und Rudyard Kipling nach Indien. Während sie in ihrem kleinen Zimmer in einem englischen Dorf saß, reiste sie durch die ganze Welt.

✱ **Joseph Conrad, Rudyard Kipling:** Schriftsteller

1 Lies den Text gründlich und unterstreiche Matildas Stationen auf dem Weg zum „Bücherwurm".
Markiere im Text Gründe, warum Matilda so gern liest.
Notiere sie in Stichworten.

2 Suche aus dem Text heraus, welche Bücher Matilda gefallen haben und warum.

3 Überlege, welche Bücher du gern liest. Wie muss ein Buch sein, damit es dir gefällt?

Lesen ist für mich

____

____

Inge Meyer-Dietrich: Traumbuch

Ich wollte schon immer ein Vogel sein.
Gestern im Traum bin ich einer gewesen.
Ich saß im höchsten Buchenbaum
und habe – was sonst? – ein Buch gelesen.

Es war ein Buch nach Vogelart,
mal federleicht mal flügelschwer.
Ich flog mit ihm im Traum davon
und wollte immer mehr!

Als dann der Traum zu Ende war,
bin ich kein Vogel mehr gewesen.
Geflogen bin ich immer noch.
Ich hab einfach weitergelesen.

4 Lies das Gedicht und betrachte in Ruhe das Bild. Ergänze anschließend die Gedankenblase mit deinem persönlichen Satz zum Thema „Lesen“.

____

Es geschieht
im Sommer, im Winter
drinnen und draußen
bei Sonne und bei Regen

____

wenn ich einsam bin
wenn ich lachen möchte
wenn ich meine Ruhe brauche

____

im Bett, mit der Taschenlampe unter der Decke
in meinem Baumhaus
im Bus

____

Es ist
aufregend
unheimlich
romantisch

____

die erste Liebe
ein Ufo aus dem All
die tollste Freundschaft

____

so, dass ich nicht mehr aufhören kann

____

zum Träumen
schön

5 Notiere neben dem Text Fragen, die zum Thema „Lesen“ beantwortet werden. Schreibe über den Text eine passende Überschrift.

6 Ergänze die Lücken in dem Text.

2 Ein Buch auswählen

KLAPPENTEXT:

So lange Nora denken kann, war Sabina ihre beste Freundin. Doch seit die Sommerferien zu Ende sind, ist alles anders. Sabina ist jetzt mit der Klassenschönheit Fanny und ihrer Clique zusammen und lässt Nora links liegen. Aber so schnell gibt sich Nora nicht geschlagen. Sie wird um Sabinas Freundschaft kämpfen, wenn es sein muss, mit Lippenstift und neuen Klamotten. Lästig ist nur, dass ihr die unmögliche Karin auf die Pelle rückt. Wenn sie sich mit der einlässt, ist sie bei Sabinas neuer Clique endgültig unten durch.

AUTORIN:

Annika Thor, geboren 1950, wuchs als Kind jüdischer Eltern in Göteborg auf. Sie arbeitete als Bibliothekarin und Sekretärin, bevor sie sich gänzlich dem Schreiben widmete.
Seit zehn Jahren lebt sie als freie Autorin und verfasst neben Romanen auch Theaterstücke und Drehbücher, meist für Kinder und Jugendliche. Sie wurde mehrfach mit Preisen ausgezeichnet, u. a. mit dem Deutschen Jugendliteraturpreis. *Ich hätte Nein sagen können* erschien in Schweden gleichzeitig als Roman und Film (ausgewählt für die Berlinale 1998).
Für *Ich hätte Nein sagen können* wurde Annika Thor mit dem höchsten schwedischen Literaturpreis, dem August-Preis, ausgezeichnet; in Deutschland kam das Buch auf die Auswahlliste zum Deutschen Jugendliteraturpreis.

1 Betrachte zunächst den Titel und die Gestaltung des Covers. Stelle Vermutungen über den Inhalt des Buches an.

2 Lies den Klappentext, der auf der Rückseite des Buches steht. Was verrät er über den Inhalt der Geschichte?

3 Unterstreiche farbig die wichtigsten Informationen zur Autorin Annika Thor.

Annika Thor: Ich hätte Nein sagen können (Anfang)

Ich begreife nicht, wie es so kommen konnte. Das hab ich nicht gewollt, denke ich und merke selbst, wie blöd das klingt. Als ob ich drei Jahre alt wäre und gerade einer Freundin ein Spielzeug auf den Kopf gehauen hätte und nicht begreifen könnte, warum sie heult.

Aber ich werde bald zwölf und begreife es sehr wohl. Ich weiß, was ich getan habe. Wobei ich mitgemacht und was wir Karin angetan haben. Aber ich begreife nicht, warum ich nicht nein gesagt habe.

Ganz einfach nein, als Fanny und Sabina Karin und mich zu der Fete eingeladen haben. „Nein, ich will nicht", hätte ich sagen können.

Aber das habe ich nicht getan.

Sie wird mir nie verzeihen.

4 Markiere im Text, was du am Anfang des Buches erfährst. Notiere, was passiert sein könnte.

KLAPPENTEXT:

Pollekes Leben ist gerade ganz schön durcheinander. Seit Pollekes Freund Minun in Marokko war, würdigt er sie keines Blickes mehr. Und dann erwischt sie ihn auch noch im Park mit ihrer besten Freundin Caro beim Knutschen. Gut, dass ihre neue Freundin Consuelo immer für Polleke da ist – auch als Polleke gefährlich leichtgläubig ist …

KLAPPENTEXT:

Das ist die Geschichte der sieben Sager-Kinder, die im Jahr 1844 ganz allein durch den wilden Nordwesten Amerikas gezogen sind, begleitet nur von einem Hund, einer Kuh und einem Ochsen. Die Kinder hatten ursprünglich zu einem großen Treck gehört, der in die fruchtbaren Täler Oregons führen sollte. Dort wollten die Auswanderer ein neues Leben beginnen. Aber Vater und Mutter erliegen bald den großen Strapazen dieser Reise. Wenig später beschließt der Rest der Auswanderer sich im leichter erreichbaren Kalifornien anzusiedeln. So ziehen die Kinder unter den größten Anstrengungen und Entbehrungen – das Jüngste auf dem Arm – zu Fuß weiter, um das vom Vater gesteckte Ziel zu erreichen …

KLAPPENTEXT:

Vier bedeutende Auszeichnungen hat „Krabat" erhalten; die Kritik hob den Roman als Otfried Preußlers bedeutendstes Werk hervor, der hier Motive der Volkssage zu einer Geschichte von unheimlicher Spannung verwoben hat, die Jugendliche wie Erwachsene gleichermaßen zu fesseln versteht. Die klare, einfache Sprache und die überlegene Komposition dieser Geschichte vom magischen Spiel um die Freiheit eines Menschen verleihen ihr Eindringlichkeit und hohen literarischen Rang.

KLAPPENTEXT:

Wenn man selbst bestimmen dürfte, wie man heißen will, würde Bert niemals Bert heißen, das steht fest. Hört sich ja an wie die letzte Hälfte von einem gewissen Onkel in Entenhausen! Und weil er nicht wie eine halbe Ente heißen will, nennt Bert sich ab sofort Treb, jedenfalls in seinem Tagebuch. Tagebuch schreiben ist zwar mehr was für Mädchen, aber manchmal kann es auch für Jungs nützlich sein. Wenn man verliebt ist zum Beispiel, und das kommt bei Bert, Pardon: bei Treb, ziemlich oft vor. Seine neueste Liebe heißt Nadja. Nadja hat schwarze Augen und spielt Geige, und wenn sie lacht, dann knistert es überall. Leider hat Nadja auch drei grässliche große Brüder …

KLAPPENTEXT:

Aprilscherze findet April überhaupt nicht komisch! Obwohl doch der 1. April ihr Geburtstag ist. Aber schließlich ist es auch wirklich nicht besonders witzig, wenn einen die eigene Mutter sofort nach der Geburt einfach alleine lässt. April will endlich mehr über ihre Herkunft erfahren und macht sich auf die Suche. Zum Glück helfen ihr dabei Gina und Tanya, eine alte und eine neue Freundin. Aber ob sie auch ihre Mutter finden kann?

5 Betrachte alle Cover und lies die entsprechenden Klappentexte. Überlege, wo du weitere Informationen zu den Büchern bekommen kannst. Nutze z. B. das Internet, um dich über Preis, Umfang und Meinungen anderer Leser zu dem Buch (Buchrezensionen) zu informieren. Entscheide dich für ein Buch und lies es.

1 Lesegewohnheiten – Prüfe dich selbst

Lesen erscheint uns wie eine Selbstverständlichkeit. Natürlich können wir in unserer Umgebung Schriften entziffern, Texte laut und leise lesen und ihnen Inhalte und Botschaften entnehmen – oft ohne große Mühe. Du kannst aber dein Lesen auch verbessern – wenn du übst und schlechte Lesegewohnheiten ablegst.

SCHLECHTE LESEGEWOHNHEITEN	GUTE LESEGEWOHNHEITEN	☺ MACHE ICH GUT	😐 MACHE ICH MANCHMAL	☹ MUSS ICH ÜBEN	*Wenn du* 😐 *oder* ☹ *angekreuzt hast, dann bearbeite folgende Kapitel*
Stures Lesen: Man liest jeden Text in gleicher Weise – egal, ob es sich um ein Schulbuch, ein Comic-Heft, einen Krimi oder die Sportberichte in der Zeitung handelt. Immer liest man mit gleicher Geschwindigkeit und gleicher Konzentration. Dabei verliert man schnell die Lust am Lesen.	*Flexibles Lesen:* Man überlegt, zu welchem Zweck man in welcher Situation einen Text liest und stellt sich darauf mit der geeigneten Strategie ein. Man wendet das überfliegende Lesen, das suchende Lesen, das genaue Lesen und das unterhaltende Lesen an.				Lesestrategien, Seite 24–41
Buchstabierendes Lesen: Hält ungeheuer auf, verlangsamt die Lesegeschwindigkeit und erschwert das Verständnis der einzelnen Wörter und des ganzen Textes. Macht nur Sinn bei Wörtern, die man zum ersten Mal sieht, z. B. Popocatépetl.	*Wortbilder erkennen:* Die kleinste sinnvolle Leseeinheit ist das Wort – und Worte erkennt man schon an ihrem Gesamtbild. 				Beim Lesen mitdenken und vorausschauen, Seite 15 f.
Wort-für-Wort-Lesen: Fördert auch nicht gerade das zügige Lesen, weil das Auge jedes Wort neu ansteuern muss und beim Verstehen jedes Wort gleich wichtig erscheint.	*Wortgruppen-Lesen:* Auge und Gehirn können mehrere Wörter erfassen, und so kommt man mit weniger Blicksprüngen durch die Zeile. Auch das Verstehen wird dadurch gefördert, weil bei einer Gruppe wenigstens ein Wort ist, das wichtig für die Sinnerschließung ist.				Flüssig lesen, Seite 13–15
Mitsprechendes und nachfahrendes Lesen: Wer laut oder leise mitliest und die Lippen dabei bewegt, hat Schwierigkeiten zügig zu lesen. Das Gleiche gilt für das Nachfahren mit dem Finger, denn Augen und Gehirn sind viel schneller als Finger oder Lippenmuskeln.	*Gleitendes Lesen:* Gute Leser und Leserinnen halten den Kopf still – ca. 30 cm vom Text – und gleiten mit ihren Augen in Schwüngen über die Zeilen und damit über den Text. Sie springen mit dem Auge gleich auf das zweite oder dritte Wort am Zeilenanfang.				Flüssig lesen, Seite 13–15
Passives Lesen: Der Sinn des Textes ergibt sich nacheinander Wort für Wort. Das Textverstehen läuft also hinter dem Erfassen der Wörter her. So lernt man nicht, zügig und sicher zu lesen.	*Aktives Lesen:* Von Anfang an stellen gute Leser und Leserinnen Vermutungen an, wie es im Text weitergeht. Sie eilen mit dem Kopf den Augen voraus. Beim Lesen wird der erwartete Sinn bestätigt, oder man baut neue Sinnerwartungen auf.				Beim Lesen Vermutungen anstellen, Zusammenhänge erfassen, Seite 28 f.

: 1 Prüfe dich selbst: Welche Lesegewohnheiten hast du? Kreuze zu den guten Lesegewohnheiten ☺ (gut), 😐 (mittel), ☹ (muss ich üben) an. In der rechten Spalte findest du die Kapitel für die Weiterarbeit.

2 Lesetraining

2.1 Flüssig lesen

Beim **flüssigen leisen Lesen** werden nicht einzelne Buchstaben, Silben oder Wörter mit den Augen erfasst. Das würde die Lesegeschwindigkeit erheblich bremsen. Vielmehr sollen die Augen in gleichmäßigen Schwüngen von Wort zu Wort – besser noch von Wortgruppe zu Wortgruppe – über die Textzeile gleiten. Das nennt man **Blicksprünge**.

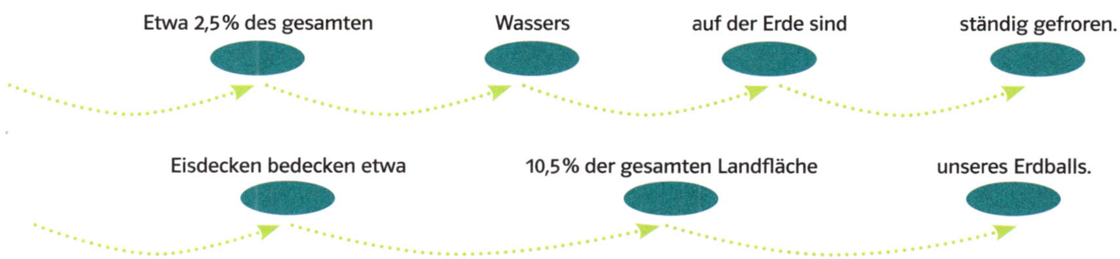

Neun Zehntel | allen Eises der Welt | liegen über dem südlichen | Kontinent, über der Antarktis. | Um den Südpol herum | ist die Eisdecke massiv | und durchschnittlich 200 Meter dick. | An der dicksten Stelle ist das Polareis | 4800 Meter dick | – genug, um den Gipfel | des Montblanc zu bedecken, | den höchsten Berg Europas.

Auf der Erde | hat es immer warme | und kalte Perioden gegeben. | In den Kälteperioden, | in den so genannten Eiszeiten, | war ein großer Teil der | Erdoberfläche von Schnee und Eis bedeckt. | Zu anderen Zeiten | war unser Planet | wesentlich wärmer. | Sogar in der Antarktis | wuchsen während solcher | Perioden Bäume.

1 In diesem Text sind Haltelinien für die Blicksprünge eingetragen. Versuche den Text flüssig zu lesen.

Der ideale **Abstand der Augen zum Text** liegt bei ungefähr 30 cm. Dann kannst du den Blickwinkel am besten ausnutzen. Das heißt, du musst beim Lesen den Kopf kaum oder gar nicht bewegen.

Ein
Gletscher
ist ein Fluss aus
Eis, der sich bewegt. Gletscher
findet man in den Polargebieten und hoch
in den Bergen, wo im Winter mehr Schnee fällt, als
im Sommer abtauen und verdunsten kann. Die
Eismasse kriecht langsam herab. Wenn ein
Gletscher das Meer erreicht, brechen
große Eisbrocken ab und
werden zu
…

2 Führe diese Übung mit einem Kärtchen durch (Blitzkartentechnik). Durch schnelles Auf- und Zudecken einer Zeile mit der Karte wird diese kurz sichtbar. In dieser Zeit sollten deine Augen das Gedruckte erfassen.

Wichtig ist, dass du den Text nur mit den Augen „abtastest" und dabei den Kopf ruhig hältst.

3 Folge mit den Augen dem Weg des Vogels in sein Nest. Wiederhole die Übung mehrfach und versuche dabei die Geschwindigkeit zu steigern.

4 Folge dem Flugweg des Kunstfliegers. Unterbrich die Augenbewegung an bestimmten Haltepunkten. Hier vollführt der Flieger in Windeseile sensationelle Kunststücke.

Übe auch, deinen Blick für Wortgrenzen, Zeilengrenzen und Satzzeichen zu schärfen.

EswareinmaleinPrinz,weitdrübenimMärchenlande.WeildernureinTräumerwar,liebteeressehr,aufeinerWiesenahedem
SchlosszuliegenundträumendindenblauenHimmelzustarren.DennaufdieserWieseblühtendieBlumengrößerund
schönerwiesonstwo. – UndderPrinzträumtevonweißen,weißenSchlössernmithohenSpiegelfenstern… Esgeschah
aber,dassderalteKönigstarb.NunwurdederPrinzseinNachfolger.UndderneueKönigstandnunoftaufdenZinnenvon
weißen,weißenSchlössernmithohenSpiegelfenstern.Undträumtevoneinerkleinen Wiese,wodieBlumengrößerund
schönerblühten,dennsonstwo.
Bertolt Brecht

! 5 Lies den Text laut und so oft, bis du es schaffst, ihn zügig und ohne Verhaspeln laut lesend vorzutragen.

Hans Erich Nossack: Der König geht ins Kino

Beim Abendessen sie waren schon beim Nachtisch es gab Karamellpudding sagte der junge König zu seiner Mutter ich gehe heute ins Kino Mama der Mutter gefiel das gar nicht ja wenn du deine alte Mutter hier allein lassen willst sagte sie das war ihre Art so etwas zu sagen ich muss das Leben endlich kennen lernen Mama sagte der König lies du nur unterdessen deine Zeitung was sollte sie da machen aber du nimmst mir auf keinen Fall den roten Umhang sagte sie der ist für besondere Gelegenheiten und sie gab ihm den blauen Umhang … dem König war es gleich sie gab ihm auch Geld für das Kino und sagte nimm eine Loge damit du nicht unter den Leuten sitzt … die Mutter sah ihm vom Fenster aus nach wie er die Auffahrt zum Palast hinunterging wozu will er das Leben kennen lernen dachte sie das kann er doch ebenso gut hier sie war zornig weil es ihr nicht gefiel aber was sollte sie machen es gibt so viele Luder dachte sie natürlich dachte sie es nicht laut das gehört sich nicht aber wenn die Mutter eines Königs so etwas denkt ist es nicht zu überhören.

6 Lies den Text laut und so oft, bis du es schaffst, ihn zügig und betont so vorzutragen, dass auch die fehlenden Satzzeichen „hörbar“ werden.

2.2 Beim Lesen mitdenken und vorausschauen

Der menschliche Verstand ist so aktiv und flexibel, dass er beim Lesen dem Auge vorauseilen und auch fehlende Buchstaben ergänzen kann. Je stärker du diese Fähigkeiten des Mitdenkens und Vorauseilens trainierst, desto leichter fällt dir das Lesen und desto schneller kannst du Texte erfassen.

BSPL – KLDNG – MND – MDGKT – FSCH – NLLPNKT – TSCH – HLTNG – TCHTR – NRVNKTZL – MLCH – KLPPRSCHLNG – WRTRBCH – WLTMSGLNG – SCHWRKRFT – TRMML – HNSWRST

1 Was fehlt bei diesen Wörtern? Versuche die Wörter zu lesen. Schaue dabei auf die Uhr und stoppe die Zeit. Überlege dir weitere Möglichkeiten, bei Wörtern bestimmte Buchstaben wegzulassen. Notiere Beispiele und überprüfe die Lesbarkeit. Arbeite im Heft.

[redacted]

2 In diesem Beispiel sind mehr als 50 Prozent der Schrift eingeschwärzt. Kannst du den Textabschnitt trotzdem lesen? Macht es hinsichtlich der Verständlichkeit einen Unterschied, ob die Zeilen oben oder unten geschwärzt sind?

________ 12. März 1930 macht ________ Mahatma Gandhi im Westen ________ zu Fuß auf den ________ ans 380 Kilometer entfernte ________. Er will Salz holen. ________ Briten herrschen in Indien. ________ haben verboten, aus dem ________ Salz zu gewinnen, obwohl ________ Einheimischen das immer so ________ haben. Die Briten aber ________ die Menschen zwingen, das ________ besteuerte Salz bei ihnen ________ kaufen. Gandhi, ein friedlicher ________, den viele verehren, will ________ protestieren. Vier Wochen später ________ Gandhi am Meer. Tausende ________ sind ihm gefolgt. Gandhi ________ Salz auf, und viele ________ es ihm nach. Immer ________ Inder kommen an das ________ – und werden dafür eingesperrt. ________ ein paar Tagen ________ 100 000 Menschen im Gefängnis! ________ geben die Engländer nach. ________ Inder, die am ________ wohnen, dürfen ihr Salz ________ aus dem Meer holen.

! : 3 In diesem Text ist jedes vierte oder fünfte Wort ausgelassen.

- Ergänze die Lücken beim Vorlesen sinnvoll und lies den Text flüssig vor. Falls du Hilfe benötigst, findest du die fehlenden Wörter in der richtigen Reihenfolge unten in den Bausteinen.
- Wie lange brauchst du (in Minuten), um alle Lücken zu ergänzen und den Text flüssig zu lesen?

Am	sich	Indiens	Weg	Meer	Die	Sie
Meer	die	gemacht	wollen	teure	zu	Mensch
dagegen	ist	Menschen	hebt	machen	mehr	Meer
Nach	sind	daraufhin	Die	Meer	wieder	

Vor vielen ________ Jahren, als die Menschen noch Jäger waren, aßen sie fast nur Fleisch. So hatten sie kein ________, genügend Salz zu bekommen, denn Fleisch enthält davon sehr viel. Doch als sie vor 10 000 ________ anfingen mehr pflanzliche ________ als Fleisch zu essen, fehlte ihrem Körper Salz. Irgendwoher aber musste es kommen. ________ nicht das Meerwasser irgendwie salzig?
Natürlich! Meerwasser enthält eine ________ Salz. So viel, dass man daraus eine Säule bauen könnte, die jeweils einen Kilometer ________ und breit wäre und 47-mal so hoch wie die ________ von der Erde bis zum Mond. Bald fanden die Menschen heraus, wie sie den ________ Stoff leicht gewinnen konnten. Sie ließen einfach das Meerwasser in flachen Seen oder Becken ________. Das funktioniert natürlich am besten dort, wo es ________ ist – zum Beispiel im Nildelta in Ägypten. Bei den ________ im Norden klappte das Verdunsten freilich nicht so richtig. Es war einfach zu kalt. Doch vor etwa 3000 ________ entdeckten die Kelten, dass es auch Salz ________ im Boden gibt.

tausend
Problem
Jahren
Nahrung
Schmeckte
Menge
lang
Strecke
begehrten
verdunsten
heiß
Menschen
Jahren
tief

: 4 Lies auch diesen Text, ohne zu stocken, laut und flüssig vor. Ergänze die Lücken mit den Wörtern der rechten Spalte. Halte den Kopf dabei ruhig und versuche nur die Augen zu bewegen.

2.3 Fehlerfrei lesen

Beim flüssigen Lesen wird man oft zu schnell und macht dann Fehler. Aber auch hier hilft dir Übung. Werde bei Fehlern vor allem nicht nervös und bessere sie nicht umständlich aus.

Janosch: Lari fari linker

Ki Ka Ko Kartoffelsack
morgen ist ein Feiertag.
Gibt es Kuchen,
musst du suchen.

Lari fari linker,
du da bist ein Stinker,
du da bist ein Luder,
lari fari Bruder,
lari fari lei –
du bist frei.

Nudelsuppe und Salat
Rate, was geschlagen hat,
drei mal neun –
wer nicht will, der muss es sein.

Bim bam bum
du bist dumm.
Bim bum bam –
du bist dran.

Zicke Zacke Fliegenkacke
alte Jacke –
raus.

Zippe zapp
Knopp is ab.
So ein Dreck –
du bist weg.

1 Lies den Text zuerst leise. Bemühe dich keine Fehler zu machen. Lies anschließend das Gedicht fehlerfrei, flüssig und betont vor.

Hans Manz: Zahlreiche Fragen

Albert Einstein: berühmter Physiker

Benamsung: Namensgebung

Wer war der berühmte Albert 1tein?
Was tut man, dass Ver2flungen vorübergehen?
Stimmt am Ende der Ratschlag: „Schick dich 3n"?
Um welche Zeit muss ein Re4jäger aufstehen?
Sollte die folgende Par5lasche etwa falsch geschrieben sein?
Hast du schon eine Gra6e gesehn?
Findest du das Wort Phanta7amsung fein?
Sollten Schl8tiere um ihr Leben flehn?
Ist das Gegenteil von „die Alten" immer „die 9"?
Und wie viele Füße haben zusammen 10 10?

2 Lies die Fragen leise und erschließe die Wörter mit den Zahlen aus dem Zusammenhang. Lies anschließend das Gedicht fehlerfrei vor.

2.4 Betont lesen

Auch **betontes Lesen** kannst du trainieren. Bereite zuerst den Text für den Vortrag vor. Notiere dazu z. B. Pausen- und Betonungszeichen und schreibe Adjektive daneben, welche bezeichnen, wie du an dieser Stelle sprechen willst, z. B. geheimnisvoll, ängstlich oder wütend.

Vorschläge für Pausen- und Betonungszeichen:

/ = kurze Sprechpause	< = leiser werden
// = lange Sprechpause	> = lauter werden
– = besonders betonen	↓ = Stimme senken
ˇ = Worte miteinander verbinden (ohne Pause)	↑ = Stimme heben

Robert Gernhardt: Indianergedicht

Als aber der Pferdehändler nicht abließ,
auf Winnetou einzuteufeln,
bemerkte dieser in seiner einsilbigen Art:

Mann, dein Pferd
ist nichts wert.
Hier: das Bein
ist zu klein.
Dort: das Ohr
steht nicht vor.
Da: der Gaul
hat kein Maul.
Schau: der Schwanz
fehlt ihm ganz.
Und es trabt
nicht so recht,
denn das Pferd
ist ein – Specht!
Du viel dumm,
ich viel klug.
Hugh!

1 Bereite das Gedicht für den Vortrag vor. Notiere Pausen- und Betonungszeichen sowie Adjektive, welche bezeichnen, wie du an dieser Stelle sprechen möchtest. Trage dann das Gedicht betont vor.

Erwin Grosche: Der freche Weckdienst

Guten Morgen. Es ist 7 Uhr, Sie wollten um 10 Uhr geweckt werden.
Guten Morgen. Wollten Sie geweckt werden? Es ist 7 Uhr.
Guten Morgen. Es ist 7 Uhr, Sie wollten um 5 Uhr geweckt werden.
Guten Morgen. Hatten Sie ein Taxi bestellt? Nicht!
Aber es ist da.
Guten Morgen. Es ist 7 Uhr, könnten Sie sich vorstellen,
wer aus unserem Hotel ein Taxi bestellt haben könnte?
Guten Morgen. Könnten Sie mir sagen, wie spät es ist?
Guten Morgen. Es ist 7 Uhr und ich hatte nichts zu tun.
Ich dachte mir, ich wecke Sie, vielleicht könnten Sie mich
wach halten. Ich fühle mich so müde.
Guten Morgen. Es ist 7 Uhr, Sie wollten auf gar keinen Fall
vor 11 Uhr geweckt werden.
Guten Morgen. Ich habe nun Feierabend und wollte wissen,
ob ich Sie noch wecken soll?

! 2 Lies betont die Weckanrufe in einem Hotel vor.

Die Heuschrecken und der Elefant

Es geschah einmal, dass in einem Jahr, als die Gräser in frischem Grün standen und der Reis voll reifer Ähren hing, ein Elefant aus dem dichten Wald in die Ebene herabstieg und in den Feldern herumstampfte, als ob sie sein Lebensbereich wären. Da er gar sehr mit den Ohren wackelte, die mächtigen Stoßzähne auf und nieder bewegte, den Rüssel einrollte und mit dem Schwanz wedelte, fürchteten sich alle anderen dort lebenden Tiere wie die Wasserbüffel, Rinder und Vögel vor der Macht des Elefanten, mieden die Felder und Weiden und wagten nicht wie bisher, dort zu grasen und Reiskörner zu fressen.

Zu jener Zeit lebte unter den Gräsern eine Heuschrecke, die hin und her sprang, um nicht von den Füßen des Elefanten zertreten zu werden. Sie rief viele ihrer Gefährtinnen zu sich und sprach: „Ihr seht, was sich jetzt der Elefant herausnimmt. Es ist unerhört! Wenn er sich ständig hier aufhält, werden viele Tiere wie die Wasserbüffel, Rinder, Hirsche, Vögel und auch wir selbst verhungern: Unser Leben ist in Gefahr, denn was kann man gegen ein Wesen ausrichten, dessen Beine so groß und stark wie ein Hauspfeiler sind. Wir sind klein und schwach, und wenn einer von uns allein auf sich gestellt mit ihm kämpft, werden wir unterliegen. Wenn wir uns aber zusammentun und ihn gleichzeitig angreifen, indem die einen ihn mit ihren Zangen beißen und die anderen mit den Füßen treten, dann werden wir ja sehen, ob er es nicht vorzieht, das Weite zu suchen.“

Als die Heuschrecken dies vernahmen, stimmten sie begeistert zu, und nachdem sie sich zu Scharen vereinigt hatten, stachen, traten, bissen und schlugen sie den Elefanten am Ohr, an den Backen, unter dem Schwanz und am Kopf. Der Elefant, der nicht wusste, wie ihm geschah, wurde von Entsetzen gepackt, floh Hals über Kopf in den dichten Wald und wagte nicht mehr, in den Lebensraum der anderen Tiere einzudringen.

Die Heuschrecken, Wasserbüffel, Rinder, Hirsche und Vögel kehrten wieder auf die Felder und Wiesen zurück und gingen friedlich ihrer Nahrungssuche nach.

Weil die kleinen und schwachen Heuschrecken gemeinsam den großen und starken Elefanten besiegt haben, geht im Volksmunde das Sprichwort um: „Die Heuschrecken geben dem Elefanten einen Fußtritt.“

3 Lies den Text mehrmals und probiere dabei unterschiedliche Lesevarianten aus.

- Unterstreiche dann im Text mit einer farbigen Linie, was du laut, und mit einer farbigen Wellenlinie, was du leise lesen möchtest.
- Versuche ganz bewusst, das Lesetempo zu verändern.
- Wie muss die wörtliche Rede der Heuschrecke gelesen werden?
- Lies am Ende den Text betont vor.

Ist der Begriff Sage der Name für eine schriftlich überlieferte kurze Erzählung?	Der Begriff Sage ist der Name für eine mündlich überlieferte kurze Erzählung.
Ist der Begriff Sage der Name für eine längere mündlich überlieferte Erzählung?	Der Begriff Sage ist der Name für eine mündlich überlieferte kurze Erzählung.
Setzt sich der Erzähler in der dämonischen Sage mit Fabelwesen auseinander?	In der dämonischen Sage setzt sich der Erzähler mit Fabelwesen, wie Hexen, Zwergen und Drachen auseinander.
Setzt sich der Erzähler in der dämonischen Sage mit Essgewohnheiten auseinander?	In der dämonischen Sage setzt sich der Erzähler mit Fabelwesen, wie Hexen, Zwergen und Drachen auseinander.
Enthalten alle historischen Sagen einen wahren Kern?	Alle historischen Sagen enthalten einen wahren Kern.
Enthält die Hälfte der historischen Sagen einen wahren Kern?	Alle historischen Sagen enthalten einen wahren Kern.
Erzählen sich nur die Menschen in unserem Land Sagen?	Fast überall auf der Welt erzählen sich die Menschen Sagen.
Erzählen sich überall auf der Welt Menschen Sagen?	Fast überall auf der Welt erzählen sich die Menschen Sagen.
Nimmt es der Erzähler eines Märchens mit der Wahrheit nicht so genau?	In einem Märchen nimmt es der Erzähler mit der Wahrheit nicht so genau.
Nimmt es der Erzähler eines Märchens mit der Grammatik nicht so genau?	In einem Märchen nimmt es der Erzähler mit der Wahrheit nicht so genau.
Erzählten früher die Adligen in den Märchen ihre Wünsche und Träume?	Das Volk erzählte in den Märchen seine Wünsche und Träume.
Erzählte das Volk in den Märchen über seine Geschichte?	Das Volk erzählte in den Märchen seine Wünsche und Träume.

! : 4 In der rechten Spalte steht jeweils zweimal dieselbe Antwort auf unterschiedliche Fragen.

- Lies aufmerksam die Sätze und achte darauf, wie sich die Fragen unterscheiden.
- Überlege, wie du die Antworten jeweils betonen musst.
- Lies anschließend die Fragen und Antworten laut.

3 Prüfe dich selbst

Kann ich einen Text flüssig lesen?

1 Nimm eine Stoppuhr zur Hand und lies den Text flüssig.
Stoppe deine Lesezeit und vergleiche mit den Werten im Kasten.

Zu Beginn des Erdmittelalters sah die Erde anders aus als heute. Es gab nur ein einziges großes Meer und einen einzigen Kontinent, dem man den Namen Pangäa gegeben hat. Auf diesem riesigen von Palmen und Farnen bewachsenen Kontinent tauchte vor etwa 230 Millionen Jahren ein neuer Typ von Lebewesen auf, ein Reptil, das sich auf zwei Beinen bewegte, das flink war und ziemlich klein. Dieses Reptil, das wir heute Dinosaurier nennen, entwickelte sich in den kommenden Jahrmillionen auf eine Weise, die uns bis heute erstaunt und fasziniert. Die Dinosaurier wurden größer als alle Tiere, die vorher oder nachher auf der Erde lebten. Es gab sie mit und ohne Panzer, mit Stacheln, Hörnern und sogar Sonnensegeln. Es gab Dinosaurier, die auf zwei und welche, die auf vier Beinen liefen, Dinosaurier, die Pflanzen fraßen, die Fleisch fraßen und Dinosaurier, die alles fraßen. Über 150 Millionen Jahre sollte dieses zähe, anpassungsfähige Reptil die Erde beherrschen. Es schien unzerstörbar.

155 Wörter

Wenn man seine Lesezeit kontrollieren will, kann man sich mithilfe der folgenden Formel orientieren:

$$\frac{\text{Zahl der gelesenen Wörter} \times 60}{\text{Lesezeit in Sekunden}}$$

240 Wörter pro Minute = sehr gute Leseleistung
200 Wörter pro Minute = gute Leseleistung
160 Wörter pro Minute = durchschnittlich
120 Wörter pro Minute = Lesetraining empfehlenswert
100 Wörter pro Minute = Lesetraining notwendig

Kann ich beim Lesen eines Textes mitdenken und vorausschauen?

2 Lies die Geschichte und wähle beim Lesen jeweils das richtige Wort aus.

Rosita Blissenbach: Die Rache

Nödel war sauer. Irgendeiner, wohl ein Elefant, machte gegen sein Haus. Das war doch **fabelhaft / allerhand**! Jeden Tag. Die Wand war **nass / weiß**. Das war doch kein **Spaß / Jux**! Nödel lag in der Nacht auf der **Laterne / Lauer** schon seit Stunden hinter einer **Mauer / Rinne**, den Tatort gut im Blick. Doch kein Elefant weit und **fern / breit**, Nödel war es **langsam / nicht** leid. Nur eine kleine **Mauer / Maus** kam daher, blieb **stehn / steil** und … und?! Sie tat's! Sie war's! Sie tut's noch immer, ein Bach, ein **Liter / Meer**, es wird immer schlimmer. He! **rief / lachte** Nödel, was soll das **rein / sein**! Och, grinste die Maus, ich mach nur mal **klein / Bein** und schon war sie **hier / weg**. Doch Nödel verfolgte die **Schnur / Spur** der Maus und mach-te einen **dicken / netten** Kloß direkt vor ihr **Kinn / Haus**. He! schrie die Maus, **was / wer** soll das bloß! Och, **lachte / brachte** Nödel, ich mach nur mal **groß / weiter**. Seither ist **fix / nichts** mehr **geschehn / entdeckt**, Nödel hat die Maus nie mehr gesehn.

Kann ich einen Text fehlerfrei lesen?

3 Dieser Text ist nicht leicht zu lesen. Übe erst leise und versuche dann die Geschichte flüssig, verständlich und fehlerfrei vorzulesen.

Ursula Wölfel: Die Geschichte vom Papagei

Einmal waren im Zoo vier Papageien in einem Käfig: Ein grüner mit einem roten Halsband, ein blauer mit gelben Flügeln, ein ganz roter und ein bunter. Sie waren alle sehr schön, aber der Bunte wollte der Schönste sein. Die Leute sollten nur ihn ansehen, nur mit ihm sollten sie reden.

Darum hat er sich immer ganz nah ans Gitter gesetzt und er hat so laut geschrien und so schnell geschwätzt, dass niemand ihn richtig verstehen konnte. Er hat gerufen: „Bin doch so fein, doch so bunt!“ Aber die Leute haben verstanden: „Bin doof, ein Ochsenhund!“ Alle haben gelacht.

Da war der Papagei stolz. Er hat sich um sich selbst gedreht und mit den Flügeln geschlagen. Die Leute sollten ihn von allen Seiten sehn. Und dabei hat er gerufen: „Rundum bin ich so, rundum!“ Aber die Leute haben verstanden: „Und dumm bin ich, so dumm!“

Alle haben noch mehr gelacht, aber der bunte Papagei hat gar nicht gemerkt, dass sie ihn ausgelacht haben. Er hat immer weiter geschrien: „Bin doof, ein Ochsenhund! Und dumm bin ich, so dumm!“

Kann ich einen Text betont vorlesen?

4 Trage dieses Gedicht betont und ausdrucksstark vor. Achte beim Vorlesen besonders auf die Betonung der wörtlichen Rede.

Monika Seck-Agthe: Das freche Schwein

Der Maulwurf Tom ist jede Nacht
verärgert und sehr aufgebracht.
Ein dickes, freches, altes Schwein
quetscht sich in seine Hütte rein.

Da drin ist's mollig, weich und warm.
Tom friert und schlägt deshalb Alarm:
„Dies Haus ist meins! Ich hab's bezahlt!
Und auch noch selber angemalt!“

So jammert Tom, es nützt nicht viel:
Das Schwein ist dreist und auch stabil.
Tom klettert auf sein spitzes Dach
und hält sich mit der Zeitung wach.

„Lies vor!“ So herrscht das Schwein ihn an.
„Was ist passiert? Nun sag's schon, Mann!“
Der Maulwurf schluckt, ihm ist nicht gut.
Ganz tief im Bauch, da wühlt die Wut.

Das Leben könnte schöner sein,
jedoch nur ohne dieses Schwein.

4 Kontrolle und Einschätzung, Tipps zur Weiterarbeit

AUFGABE	BEARBEITET AM	WIEDERHOLT AM	KONNTE ICH GUT	DAS WAR MITTEL	MUSS ICH ÜBEN	*Wenn du oder angekreuzt hast, dann bearbeite folgende Aufgaben im Teil Lesen und Üben:*
1						S. 42/1; S. 73/1; S. 87/1
2						alle Texte S. 42–91
3						S. 73/1; S. 76/1
4						S. 59/3; S. 59/1; S. 61/1; S. 63/1; S. 73/1; S. 76/1; S. 77/1

EINSCHÄTZUNG LEHRERIN/DES LEHRERS ODER DER ELTERN:

1 Sich für eine Lesestrategie entscheiden

Es gibt unterschiedliche **Strategien**, wie man beim Lesen an einen Text herangehen kann. Von der Lesestrategie hängt ab, wie man liest: zügig oder langsam, konzentriert oder entspannt, mit dem Blick auf Einzelheiten oder auf den Sinn insgesamt. Wichtig ist, dass du die passende Lesestrategie auswählst. Manchmal ist es auch sinnvoll, mehrere Strategien zu kombinieren.

LESESTRATEGIE	ERKLÄRUNG	BEISPIEL
Überfliegendes Lesen **LE**	ist notwendig, wenn du dich mit den Einzelheiten beschäftigen willst oder musst. **FEN**	Du warst am Wochenende mit Freunden unterwegs. Jetzt liegt die Montagszeitung vor dir, und du willst wissen, wie dein Lieblingsverein gespielt hat und auf welchem Tabellenplatz er steht ... **EN**
Suchendes Lesen **TE**	verschafft dir einen Überblick über die Themen der einzelnen Textabschnitte. **SE**	Du interessierst dich für Bogenschießen und hast zu deinem Geburstag einen neuen Bogen erhalten mit einem Handbuch, wie das Sportgerät zu handhaben und zu pflegen ist und wie man damit trainiert ... **DIR**
Genaues Lesen **HEL**	soll dir Freude bereiten – vielleicht weil du spannende Geschichten gern hast oder dich in fremde Welten entführen lassen willst. **LE**	Du suchst interessante Artikel für dein Referat über „Die Geschichte des Rhönrads". Mehrere Artikel hast du gefunden und musst nun entscheiden, welche du genauer lesen willst ... **STRA**
Unterhaltendes Lesen **BEIM**	wendest du an, wenn du schnell und gezielt nach Einzelinfomationen suchst. **GI**	Du hast aus der Bibliothek ein Buch mit der Geschichte einer berühmten Sportlerin mitgenommen, die sich nach schwerer Krankheit wieder an die Weltspitze herangekämpft hat. Und jetzt liegst du in deinem Zimmer und ... **SEN**

LÖSUNGSSATZ: ....

1 Ordne den Lesestrategien die Puzzleteile mit den Erklärungen und Beispielen zu.

2 Ergänze in der Tabelle die Erklärung der Lesestrategien mit eigenen Worten.

LESESTRATEGIE	ERKLÄRUNG
Überfliegendes Lesen	
Suchendes Lesen	
Genaues Lesen	
Unterhaltendes Lesen	

2 Überfliegendes Lesen – Sich schnell einen Überblick verschaffen

Beim **überfliegenden Lesen** möchtest du schnell wissen, worum es in einem Text geht, um dich dann entscheiden zu können, ob und wie du dich näher mit dem Text beschäftigen willst. Du liest den Text also zügig, ohne dich an einzelnen Wörtern oder Textabschnitten „festzubeißen". Auch wenn du einige Wörter oder Sätze nicht verstehst, liest du weiter, um später zu entscheiden, ob es sich lohnt, ihre Bedeutung zu klären.

James Krüss: Das Arche-Noah-ABC (Ausschnitt)

Als die Arche war gebaut,
hat sich Noah angeschaut,
welche Tiere kamen.
Auf ein langes Zedernbrett
schrieb er dann von A bis Zett
alle ihre Namen:

Affe, Ammer, Alk und Aal,
Adler aus dem Zugspitztal,
Biber, Bär und Boa.
Brillenschlange (welch ein Graus),
Chinalaus, Chinchillamaus
so notierte Noah.

Dachs und Drossel, schrieb er forsch,
Drache, Dromedar und Dorsch,
Eber, Eule, Erdschwein.
Und danach trug seine Hand
Esel, Elch und Elefant
ebenfalls gelehrt ein.

Fuchs und Fliege, schrieb er froh,
Flunder, Faultier, Frosch und Floh,
Geier und Giraffe,
Gemse, Gans und Goldfasan.
Beim Gorilla schrieb er dann
noch in Klammern: Affe.

Heiter schrieb er weiter: Hund,
Häher, Hirsch und Hase und
Hamster und Hyäne,
Igel (Vorsicht: Stachelhaar!),
Junikäfer, Jaguar
(Vorsicht: spitze Zähne!).

Keck ging's weiter: Känguru,
Krokodil und Kakadu,
Kuh, Kamel und Katze,
Lama, Lurch und Leguan,
Laubfrosch, Luchs und Löwenmann
(Vorsicht: scharfe Pratze!)

1 Überfliege das Gedicht und markiere dabei ganz schnell alle Tiere im Text.

TIER ... (1):

Dieses Tier lebt als Einzelgänger in Wäldern, Parkanlagen und Gärten und frisst am liebsten Regenwürmer, aber auch Schnecken, Käfer und Früchte. Auf seiner Futtersuche kann es in einer Nacht mehr als drei Kilometer zurücklegen, obwohl es sehr klein ist und kurze Beinchen besitzt. Im Winter hält es eine Ruhezeit. Bei Gefahr schützt es sich durch Einrollen sowie durch sein Fell, welches auf der Rückenpartie aus bis zu drei Zentimeter langen, nadelspitzenfeinen Stacheln besteht.

TIER ... (2):

Dieses Tier lebt in Wäldern, Parkanlagen und Gärten und wohnt in den Bäumen. Es ist ein geschickter Kletterer mit pinselförmigen Ohren und einem buschigen Schwanz. Es gehört zur Familie der Nagetiere und ernährt sich von Nüssen, Waldfrüchten, jungen Trieben, Rinden, Insekten, aber auch von Vogeleiern. Für die Winterzeit vergräbt dieses Tier Vorräte. Es kann sich die Verstecke zwar nicht merken, aber dank seiner feinen Nase findet es seine Vorräte immer wieder.

2 Finde schnell heraus, um welches Tier es sich jeweils handelt. Unterstreiche farbig die Wörter, welche dir dabei geholfen haben.

Wenn du eine **Auswahl an Texten** (z. B. aus dem Internet) treffen musst, kann dir Folgendes helfen:
- Überprüfe, ob die **Überschrift** zu deinem Thema passt.
- Sind im Text **bestimmte Begriffe** hervorhoben? Prüfe, ob diese Begriffe Antworten auf deine Fragen versprechen.
- Gibt es **Zwischenüberschriften**? Prüfe, ob sie zu deinem Thema passen.
- Manchmal kannst du auch an der **Länge eines Textes** erkennen, ob er genügend oder viel zu viele Informationen für dich enthält.

5 Hund rettet Herrchen aus dunklem Gefängnis

1 Ausstellung zur Projektwoche

2 Da geht was in die Luft

6 Der Mondsee

9 Flugversuche

7 Verschütteter Höhleneingang

4 Die Friedrich-Schiller-Schule lädt ein

3 Ein starker Regen

8 Schüler im Konferenzzimmer

TEXT/MATERIAL (NUMMER):

Der bekannte Höhlenforscher Holger Grotte konnte gestern nach vier Tagen endlich aus seinem dunklen Höhlengefängnis befreit werden. Durch einen Erdrutsch aufgrund des starken Regens war der Eingang verschüttet worden. Zum Glück hatte Herr Grotte seinen Dackel Mr. Bean dabei. Dieser passte nämlich durch eine Erdspalte und lockte durch sein Bellen einen aufmerksamen Landwirt zu der Unglücksstelle. Weil Herr Grotte keinem Menschen etwas von seinem Forschungsausflug erzählt hatte, wäre das Abenteuer ohne seinen Hund nicht so gut ausgegangen. Als Dankeschön erhielt dieser von seinem Herrchen einen neuen Hundekorb.

TEXT/MATERIAL (NUMMER):

In der Friedrich-Schiller-Schule wird diesen Donnerstag um 14.00 Uhr die Ausstellung zur diesjährigen Projektwoche feierlich mit einem musikalischen Programm und einem kleinen Büfett eröffnet. Sie steht in diesem Jahr unter dem Motto „Berühmte Entdecker und ihre Leistungen". Zu sehen sind Bilder, Wandzeitungen, Modelle, Karten mit eingezeichneten Reisewegen und vieles mehr. Alle Eltern, Freunde der Schule und die Mitglieder des Fördervereins sind herzlich in den Konferenzraum in der zweiten Etage eingeladen.

TEXT/MATERIAL (NUMMER):

Am kommenden Montag (26.04.) startet wieder der von der Jugendstiftung ausgerufene Wettbewerb „Bruchpiloten unterwegs" auf dem Gelände am Mondsee, bei dem selbst gebaute und gestaltete Flugobjekte an den Start gehen. Teilnehmen kann jeder im Alter von 11 bis 18 Jahren, entweder allein oder in einer Gruppe. Ausgezeichnet werden von der Jury das lustigste und das am weitesten fliegende Objekt. Anmeldungen nimmt ab sofort das Büro der Jugendstiftung unter 07183/8666544 von 10.00 bis 18.00 Uhr entgegen.

: 3 Ordne den Zeitungsartikeln passende Überschriften zu und streiche unpassende durch. Markiere im Text die Wörter, welche dir dabei geholfen haben, die Überschriften zu finden.

3 Suchendes Lesen – Gezielt bestimmte Informationen ermitteln

Beim suchenden Lesen musst du als Erstes klären, wie der Text aufgebaut und gegliedert ist (z. B. alphabetisch, nach Uhrzeiten, ...) oder ob es sonst Hilfsmittel (z. B. Inhaltsverzeichnis, Schlagwortverzeichnis) gibt, die gesuchte Information schnell zu finden.
Dann konzentrierst du dich auf dein Suchinteresse und überlegst, welche Abkürzungen (z. B. „Dr." bei der Suche nach einem Arzt) oder Symbole oder Zahlen zum Sucherfolg führen können.
Anschließend überfliegst du den Text und konzentrierst dich dabei auf die festgelegten Suchwörter, Zahlen, Abkürzungen oder Symbole.

Jitte Druck GmbH Mittel-20	7 99 55 07
Jitte, Hildegard Pastaros-12	3 88 57 67
Jitte & Sohn Parkverwaltungs-	
gesellschaft bR Oybiner-39	7 45 12 87
Jitten, Franz Olympia-91	5 89 89 15
Jittner, Andreas Landsheimer-43	5 87 65 91
– Annemarie Sulzbacher-82	8 75 54 44
– Arnhild Chemnitzer-34	5 98 79 71
– Christina Hagen-9	9 44 18 89
– Christine Schulzendorf-73	3 60 10 43
– Heike Mecklenburger-59	8 40 32 94
– Helke Johnson-74	8 66 28 91
– Ilsa Bach-7	9 04 38 39
– Inge Iltis-98	5 55 62 81
– Ingeborg Tal-3	6 92 27 20
– Jürgen Leipziger-04	3 01 92 69
– Karl Kampf-05	2 34 58 81
– Liselotte Emmaus-90	4 78 38 51
– Manfred Dr. med. vet.	
Am Dornenwinkel 12	8 57 73 19
– Martha Franziskus-71	9 93 74 63
– Rene Am Bodensteg 4	4 89 86 33
Jittner & Leisegang Holzhandlung	
Am Freistein 7	4 78 81 26
Jittners, Rieke Liebeswinkel 1	6 69 96 33
Jius, Johann Nestroy-45	8 39 61 59
Jiustig, Lisa Männersteig 8	3 85 91 21
Jirid, Aloise Pinkerwart-34	7 53 93 28
Joas, Paul Philosophenweg 18	6 20 74 49
Joas, Wolfgang Michelin-87	7 39 79 21
Joba, Lisa Haupt-183	7 12 88 69
Jobarius, Elisabeth Karls-30	3 84 29 42
Jobel, Klaus Sinaiweg 5	8 66 30 02
Jobel, Manfred Dr. med.	
Am Seeblick 39	7 50 01 78
Jobels, Andrea Klick-31	3 99 65 29
Jobok, Sandra Mühlengasse 3	4 39 76 16
Jodelak, Anne Südplatz 7	7 82 34 81
Jodelski, Paul Freier-9	7 24 81 32
– Ralph Friedensweg 6	1 34 13 47
– Susanne Koch-33	6 71 02 38
– Torsten Ring-67	8 54 18 34
Jodmann, Susi Absackerweg 32	7 80 24 37
– Werner Dipl. Ing. Südplatz 1	7 23 49 13
Jodna, Elena Heideweg 7	8 34 93 27
Jodplitsch, Helga Sternweg 33	3 70 98 13
Jodrist, Fritz Haupt-4	7 49 32 83
Jodross, Sandy Nebel-54	3 92 85 15
Jodrum, Jo Johannesweg 7	4 45 52 69
Jodrums, Silvie Hart-32	6 96 69 66
Jods, Elisabeth Dr. med.	
Freiherr-vom-Stein-Weg 3	7 34 83 19
Joffe, Paul Südweg 15	8 63 95 92
Joffermann, Ginger Mülheim-3	7 32 93 18
Joffernus, Lisa Kästner-39	2 39 62 58
Jog, Marlis Meitner-8	3 77 64 91
Jogg, Paul Luxembourg-27	3 88 59 01
– Werner Sommerwind-44	5 82 46 19
– Wolfram Sonnenwendeweg 2	4 87 91 12
Joggling, Emanuel Frühlings-37	7 66 28 83
Joggmann, Richard Wagner-2	6 88 27 15
– Siglinde Wachsmuth-8	4 29 64 42
Joggnig, S. Paulusweg 13	6 77 28 91
Johannson, Ingar Schiller-34	7 34 93 28
John, Achmed Kirch-39	3 44 31 68
– Albert Kölner-23	3 58 38 27
– Bärbel Läuferweg 21	5 31 37 65
– Dieter Dr. med.	
Friedensweg 52	8 42 68 27
– Gerhard Goethe-76	6 48 74 13
– Harald Heideweg 7	8 35 93 24
– Inge Kölner-42	3 58 33 29
– Mike Beethoven-49	4 88 36 72
– Nike Uferweg 34	5 76 28 38
– Rolf Dipl. Ing. Mozart-21	4 71 14 65
– Wolfgang Liebig-86	4 73 67 92
Johnson, Uwe Mecklenburger-7	3 41 98 30
Johst, Paul Luxemburg-19	4 10 38 47
Johtling, Elvira Münchener-48	4 09 18 73
Jokering, Eva Luftsteg 2	7 41 03 47
Jolla, Björn Castro-59	7 84 52 37
Jonson, Pete Mülheimer-87	4 13 48 14
Joop, Wolfram Pariser-66	1 38 41 48
Jooplen, Paul Bahnhof-22	3 47 62 13
Jopleen, Jane Musiksteg 68	7 10 59 47
Jopmann, Marnie Münster-12	6 13 13 76
Jopp, Susanne Becker-62	4 12 34 71
Joppus, Jens Kastenweg 77	4 71 23 74
Jost, Paul Hamburger-71	7 24 30 72
– Wiebke Dr. Heimatweg 8	1 66 29 14
Juan, Simon Liszt-32	7 56 12 34
Jucht, Lisa Mülheimer-49	4 98 79 74
Juchter, Peter Haupt-132	3 05 70 34
Juchtig, Elsa Dr. Wächter-44	2 74 10 23
K	
Kaas, Michael Pariser-39	3 37 40 23
Kaasling, Wiebke Essener-77	7 03 47 13
Kabbeling, Michael Bundsteg 1	5 10 54 36
Kabbisch, Ruth Maria Wichtig-4	4 01 24 73
Kabitzki, Alfons Bahnhof-2	7 01 23 47
– Horst Günter Vorwerk 2a	7 01 23 74
Kachelmann, Klaus Spinnerei-5	3 48 23 48
– Martin Gericht-7	5 03 48 96

1 Du suchst nach einer Ärztin, deren Name – soweit erinnerst du dich – mit J anfängt und die wahrscheinlich im Freiherr-vom-Stein-Weg wohnt. Wie gehst du vor? Wie schnell hast du die Telefonnummer gefunden? Markiere sie.

Alfred	Kuh	Hut	frösteln	Wüste	hell
Elke	Löwe	Mütze	schwitzen	Teich	licht
Jürgen	Huhn	Kappe	frieren	Tümpel	düster
Dietmar	Schaf	Haube	schlottern	See	strahlend
Rolf	Ziege	Socke	zittern	Meer	klar

2 Diese Spalten enthalten je fünf Wörter. Eines davon passt inhaltlich nicht zu den anderen. Decke jede Spalte kurz auf und markiere das Wort, das nicht in den Sinnzusammenhang der Spalte passt.

4 Genaues Lesen – Sich mit einem Text in Einzelheiten auseinandersetzen

4.1 Beim Lesen Vermutungen anstellen, Zusammenhänge erfassen

Viele Texte erschließen sich nicht so leicht beim ersten Lesen. Sie entwickeln sich erst und geben ihren Sinn nur langsam und Stück für Stück frei. Deswegen ist es wichtig, dass du beim Lesen Vermutungen darüber anstellst, wie der Text weitergehen könnte. Beim Lesen prüfst du dann, ob sich deine Vermutungen bestätigen. So bist du mit dem „Kopf" den „Augen" immer ein Stück voraus.

Das erste Kapitel eines Jugendbuchs trägt die Überschrift „Die Diamantene Stunde".

1 Was geht dir bei der Überschrift durch den Kopf? Was erwartest du von der Geschichte? Trage weitere Wörter zusammen, die dir zu der Überschrift einfallen, und fertige ein Cluster an.

Der Tag liegt Wochen zurück, doch ich erinnere mich genau, weil es kurz vor Stefans Geburtstag am 12. Dezember war. An diesem Tag fiel auch der Winter ein, der Umsturz kam über Nacht.

Ich wachte auf, und alles war totenstill. Reif lag auf den Wiesen und Feldern, die Pfützen im Garten waren vereist. Sie glänzten in der Sonne wie Silbertaler, die der Frost verloren hatte, als er ins Land eingedrungen war.

2 Worauf hat das Wort „Diamant" im Titel hingewiesen? Was verbindet „Winter" mit dem Wort „Diamant" in der Überschrift?

3 Welche Vermutung kannst du von dem Wort „totenstill" für den weiteren Gang der Handlung ableiten? Was für eine Geschichte erwartest du – heiter, lustig, traurig, spannend, unheimlich?

Es war unheimlich draußen, ich war ganz allein. Die Sonne stand tief am verhangenen Horizont, ihr blasses Licht warf keine Schatten. Zähe Nebel hingen über der Stadt. Nirgendwo waren Menschen zu sehen, die Gärten und Straßen lagen leer, ausgestorben im milchigen Dunst.

4 Unterstreiche, was du in diesem Abschnitt als Bestätigung des Wortes „totenstill" findest. Musst du deine Erwartungen bezüglich der Art der Geschichte (heiter, lustig, traurig, spannend, unheimlich) ändern oder findest du sie bestätigt?

Als ich zum Schuppen ging, um Holz für den Kamin zu holen, sah ich Nachbar Bölle auf dem Balkon. Er war im Morgenmantel und trug einen Schal um den Hals. Die Pelzmütze auf dem Kopf reichte weit über Ohren und Stirn. Geistesabwesend starrte er in die Ferne, als sähe er ein schreckliches Bild. Dann rieb er sich vergnügt die Hände und lachte lautlos in sich hinein.

„Glauben Sie, dass es ernst wird?", rief ich zu ihm hinauf. Doch er antwortete nicht, sondern wies mit der Hand zum Himmel und schüttelte drohend die Faust.

5 Ist Bölle wichtig für den weiteren Fortgang der Handlung? Ist er auf der Seite des Ich-Erzählers oder sein Gegner? Was vermutest du?

6 Unterstreiche die Wörter in dem Abschnitt, auf welche du deine Vermutungen stützt.

Er lachte schrill auf, als wär' er nicht richtig im Kopf, schüttelte wieder die Faust und wandte sich langsam ab. Bevor aber Bölle ins Zimmer zurückging, fiel mir sein Gesicht auf: Es war merkwürdig weiß, wie mit Raufreif bedeckt; als hätte Bölle die Nacht im Eisschrank verbracht.

Während ich ihm nachsah, fuhr ein scharfer Windstoß durch den Garten. Die großen Fichten am Zaun bogen sich, die Kellertür fiel krachend ins Schloss. Ich packte die Holzscheite in den Korb und wollte gerade den Schuppen abschließen, als mir auffiel, dass die Fenster vom Nachbarhaus über und über mit Eisblumen bedeckt waren – als ob Bölle weiße Gardinen vorgezogen hätte. Die Scheiben der anderen Häuser waren eisfrei, und auch bei mir zeigten die Fenster nur blankes Glas.

Merkwürdig, dachte ich … und machte mir keine Gedanken mehr über Bölle.

7 Wie geht es dir – machst du dir auch keine Gedanken mehr über Bölle? Was hast du bis jetzt über den seltsamen Nachbarn erfahren, und worauf deutet das hin?

8 Welche Zusammenhänge kannst du zwischen seinem Gesicht und den vereisten Frostscheiben erkennen?

Es war zehn Uhr morgens, als das Kältegewitter begann, und es hielt noch am Abend an. Schon seit Mittag war der Himmel blauschwarz, es wurde früher dunkel als sonst. Der eisige Nordwind trieb die Flocken in dichten Staffeln heran, deckte Rasen und Beete zu und häufte im Garten Verwehungen auf. Ich stand am Fenster und blickte in das tosende Grau. Wo am Morgen noch Büsche und Beete gewesen waren, konnte man nur noch Hügel erkennen, die kahlen Gräbern glichen. Der Garten war zu einem Friedhof geworden, die Schneelast erstickte alles Leben. Die Tannen am Zaun hatten sich in weiße Gestalten verwandelt und sahen wie Riesen in Tarnanzügen aus, die lauernd Wache standen. Fuhr der Wind hindurch, bewegten sie die schweren Glieder, als rückten sie unmerklich auf das Haus zu. Im Dunkel schlossen sich die Reihen, die Mauer wurde undurchdringlich und hoch. Das Haus glich einer Festung. Eine Belagerung stand bevor.

9 Erinnerst du dich noch an das Wort „totenstill"? Was ist daraus jetzt geworden?

In diesem Abschnitt geht es um „Riesen in Tarnanzügen, die lauernd Wache stehen": Sind sie vielleicht ein Hinweis darauf, wie dieses Kältegewitter zu erklären ist?
Und wirklich, das nächste Kapitel trägt die Überschrift „Die Invasion der weißen Riesen".

4.2 Unbekannte Wörter und unklare Textstellen klären

Die Wörter, Begriffe, Redewendungen oder Sätze, welche du nicht verstehst,
- **erschließt du aus dem Textzusammenhang oder**
- **leitest du aus Wörtern ab, die du bereits kennst oder**
- **schlägst du im Wörterbuch nach.**

Zu Textstellen, die du nicht verstehst, solltest du Fragen formulieren. Diese Fragen versuchst du dann aus dem Zusammenhang zu beantworten oder du holst dir von anderen Hilfe.

Microsoft Internet Explorer

VOLTIGIEREN

Voltigieren ist das Kunstturnen auf einem an der Longe gehenden Pferd. Das Pferd läuft in den Gangarten Schritt, Trab und Galopp. Auf Turnieren läuft es aber immer im Galopp (außer bei Nachwuchsturnieren/Voltitagen). Dabei turnen eine bis drei Personen gleichzeitig auf und an dem Pferd. Dieses wird mit einem am Widerrist liegenden Voltigiergurt, der mit zwei Handgriffen und zwei Fußschlaufen versehen ist, einer Decke, einer Trense, eventuell Ausbindern und einer Longe versehen. Als Turniersport existiert das Voltigieren als Einzel-, Doppel- sowie Gruppenvoltigieren. Die Gruppen bestehen aus acht Teilnehmern und einer Ersatzperson. Das Doppel wird teilweise auch strikt als getrennt-geschlechtliches Pas de Deux ausgeschrieben. In vielen Reitvereinen sind Voltigiergruppen nur für die Vorbereitung zum Reiten und die spielerische Annäherung an das Pferd gedacht. Doch turniermäßig betrieben ist Voltigieren ein anspruchsvoller Leistungssport, der wie wenige andere Sportarten den Menschen in vielerlei Hinsicht fordert. Es geht um Gleichgewicht, Kraft, Spannung, Dehnbarkeit, Kreativität und nicht zuletzt um das gemeinsame Turnen in der Gruppe und die Sorge ums Pferd. Leider ist der Voltigiersport nicht sehr bekannt, doch gute Gruppen und Einzelvoltigierer gibt es nicht nur in Deutschland, sondern auch in vielen anderen europäischen Ländern sowie den USA, Südamerika und Südafrika.

„Mainz Laubenheim I" 2002 beim „Preis der Besten" auf dem Wiesbadener Reitturnier

1 Schreibe aus dem Lexikoneintrag alle dir unbekannten Begriffe heraus und kläre ihre Bedeutung.

4.3 Schlüsselwörter markieren – Themen/Inhalte eines Textes ermitteln

Folgende **Arbeitsschritte** helfen dir beim genauen Lesen:
- Lege Bleistift, Lineal, Textmarker und einen dünnen roten Stift bereit.
- Unterstreiche wichtige Stellen zunächst mit Bleistift.
- Kontrolliere das Unterstrichene und suche die **Schlüsselwörter** heraus. Markiere sie mit dem Textmarker. Radiere weg, was du zu viel unterstrichen hast.
- Unterstreiche die **Nebeninformationen**, die zur Erläuterung der Schlüsselbegriffe dienen, mit dem dünnen roten Stift. Unterstreiche nicht zu viel.
- Schreibe die Schlüsselwörter geordnet auf einen Zettel und überprüfe, ob damit der gesamte Inhalt des Textes erfasst ist. Wenn dir jetzt die wichtigsten Nebeninformationen einfallen, dann hast du die Schlüsselwörter gut ausgesucht und den Text verstanden.

Das Voltigieren ist eine sehr alte Sportart. Alle Reitervölker von der Antike (Perser, Hunnen, Awaren, Skythen und auch die Römer) über das Mittelalter (bewaffnete Reiterei mit Ausnahme der Ritter, die natürlich in ihren Rüstungen ziemlich festsaßen) bis hin zur Neuzeit (Kavallerieschulen des 17. bis 19. Jahrhunderts) beherrschten Geschicklichkeitsübungen wie Auf- und Abspringen vom galoppierenden Pferd.

Aus diesen Übungen entwickelte sich Anfang des 20. Jahrhunderts das Kunstreiten für junge Kavalleristen.

Im Jahr 1920 war dieses Kunstreiten sogar im Programm der Olympischen Spiele in Antwerpen, damals selbstverständlich noch in voller Uniform, lediglich der Säbel wurde vorher abgelegt. Das heutige Voltigieren entstand gegen Ende der 50er Jahre des 20. Jahrhunderts und wurde langsam zu dem Wettkampf- und Breitensport, der es heute ist. Das Voltigieren mit allen seinen Facetten ist heute eine eigenständige Pferdesportart neben Reiten und Fahren, aber auch gleichzeitig ein prima Einstieg in den Reitsport.

Das sprichwörtlich tragende Element ist das Pferd, ohne dessen Mitarbeit dieser Sport nicht möglich ist. Die Anforderungen an das Voltigierpferd sind außerordentlich hoch und die Ausbildung dauert mit aller Sorgfalt mehrere Jahre. Bei der Arbeit steht das Miteinander von Voltigierern, Longenführer und Pferd im Mittelpunkt. Die Ausbilder achten auf den richtigen Umgang der Kinder mit dem Pferd, nicht nur beim Voltigieren selbst, sondern auch beim Führen und Putzen des Pferdes und dem Umgang mit dem Pferd allgemein.

Das Voltigieren verbindet in idealer Weise das Interesse von Kindern und Jugendlichen an Pferden mit einer vielseitigen Bewegungserziehung. Mit jeweils altersgemäßen Anforderungen werden so elementare Dinge wie Gleichgewicht, Sprungkraft, Körperspannung von Kopf bis Fuß, Kraft und Ausdauer trainiert, verbunden mit viel Spaß an der Bewegung und am Spiel. Auch der soziale Aspekt ist wichtig. Die Gruppen sind altersmäßig gemischt, es sind Jungen und Mädchen dabei. Wichtig ist, dass die Großen den Kleinen helfen, die Stärkeren den Schwächeren und dass jedes Kind mit den Fähigkeiten, die es mitbringt, von der Gruppe angenommen wird.

1 Kläre dir unverständliche Wörter, Begriffe und Abschnitte im Text.

2 In dem Text sind die Schlüsselwörter mit ihren Nebeninformationen gekennzeichnet. Welche Wörter hättest du als Schlüsselwörter markiert?

3 Schreibe die hier vorgeschlagenen oder deine eigenen Schlüsselwörter auf und gib mit ihnen den Text in eigenen Worten wieder. Wenn du unsicher bist, lies noch einmal die Schlüsselwörter im Zusammenhang mit den unterstrichenen Nebeninformationen.

4.4 Beim Lesen Sinnabschnitte feststellen

Wenn du einen **Text gliederst**, kannst du ihn besser verstehen, leichter zusammenfassen und Informationen schneller finden.

- Alle Informationen zu einem Bereich bilden einen **Sinnabschnitt**. Oft geben Schlüsselwörter einen solchen Bereich an.
- Zu jedem Sinnabschnitt kannst du eine **Überschrift** formulieren.
- Für das Verstehen eines Textes hilft es dir auch, wenn du den Inhalt der einzelnen Sinnabschnitte **in Stichworten zusammenfasst**.

N Während er nun dahinflog mit den Narren an seinem Schwanz, da wollte es das Schicksal, dass einer von ihnen den König fragte: „Nun sag' uns einmal ganz aufrichtig, wie groß die Pfannkuchen waren, die du so mühelos nach Herzenslust im Himmel gegessen." Der König der Toren vergaß sich, ließ den Schwanz des Stieres los, legte die hohlen Hände aneinander. „So groß", wollte er rasch zu ihnen sagen – da sauste er aber schon mit all den anderen vom Himmel herab, und alle fielen zu Tode.

I Dort verlebte der Einfaltspinsel einige wonnige Tage, indem er Himmelsspeise genoss, Naschwerk und andere gute Dinge. Als er aber sah, dass der Stier immer wiederkam, dachte er: „Ich will mich wieder an seinen Schwanz hängen, meine Freunde besuchen und ihnen von diesem Wunder erzählen; dann kehre ich hierher zurück." Und so trat er denn eines Tages an den Stier heran, hing sich, als dieser davongehen wollte, an seinen Schwanz und gelangte wieder auf die Erde.

I In einem Kloster lebte einst ein Tor als Oberhaupt vieler anderer Toren. Der hörte einmal, dass in der anderen Welt denjenigen ein hoher Lohn erwarte, der einen Teich habe anlegen lassen. Da er nun Geld in Fülle hatte, baute er also nicht weit von seinem Kloster einen mächtigen, wasserreichen Teich.

D Beim ersten Schein des folgenden Morgens war er schon auf der Lauer. Da sah er, wie ein Stier vom Himmel herabkam und mit seinen Hörnern das Ufer zerwühlte. „Ei", dachte der Mann, „das ist ein Himmelsstier! Da kann ich vielleicht mit ihm in den Himmel kommen!" Also packte er den Stier mit beiden Händen am Schwanz. Der heilige Stier aber riss den verrückten Gesellen, der an seiner Schwanzspitze hing, pfeilgeschwind mit sich empor und trug ihn augenblicklich zu seiner Wohnung auf den Gipfel des Himalaja.

N Als dieser König aller Narren nun ausging, um sich seinen Teich zu besehen, bemerkte er, dass jemand dessen Ufer aufgerissen hatte. Und als er am folgenden Tage wiederkam, sah er, dass das Ufer abermals aufgewühlt war, diesmal an der anderen Seite. Da dachte er in seiner Erregung: „Morgen bei Tagesgrauen will ich hier sein und den ganzen Tag hierbleiben, um zu sehen, wer der Frevler ist." Mit diesem Vorsatz ging er nach Hause.

E Er kam in sein Kloster. Da umarmten ihn die anderen Narren, die sich darin befanden, und auf ihre Frage, wo er denn gewesen sei, erzählte er ihnen seine Erlebnisse. Wie sie alle diese wunderbare Geschichte hörten, baten sie, er solle so gut sein, sie dorthin mitzunehmen, damit auch sie das vorzügliche Naschwerk genießen könnten. Der Mönch war's zufrieden, sagte ihnen, wie sie es anfangen müssten, und führte sie am folgenden Tage zu dem Teich. Und richtig stellte sich der Stier wieder ein. Da hielt sich unser Mönch als der Erste mit beiden Händen an dem Schwanz des Stieres fest; ein anderer fasste ihn selbst an den Füßen, ein Dritter den Zweiten, und so hängte sich immer einer an die Füße seines Vordermannes; und als die Kette fertig war, da stieg der Stier schon in den Luftraum empor.

LÖSUNGSWORT: ....

! : 1 Bringe die Abschnitte eines indischen Märchens in die richtige Reihenfolge.

Während er nun dahinflog	„nun" – da muss schon vorher was passiert sein!
mit den Narren an seinem Schwanz …	„den" Narren – wer „die" Narren sind, muss wohl schon vorher erklärt worden sein.

2 Unterstreiche farbig die Wörter, welche dir geholfen haben, die richtige Reihenfolge zu finden.

Sylvia Englert: Unsere tägliche Soap gib uns heute (Ausschnitt)

Eine Serie – und ganz besonders eine Daily Soap – zu drehen ist Knochenarbeit. Gearbeitet wird nicht selten 12 bis 14 Stunden am Tag. Während bei einem Spielfilm am Tag drei bis vier Minuten Film entstehen, muss bei einer täglichen Serie jeden Tag eine ganze Folge abgedreht werden. Auf diese Art billig und schnell produziert, kostet beispielsweise eine Folge GZSZ nur rund 50 000 Euro. Das klingt vielleicht teuer, ist es aber nicht – wöchentliche Serien bringen es locker auf das Dreifache. Zudem bringt jede Folge dem Sender Millionen an Werbeeinnahmen.

GZSZ (Gute Zeiten schlechte Zeiten): Daily Soap

Serienschauspieler verbringen einen großen Teil ihres Lebens „am Set", in den Studiohallen, die größer als Fußballplätze sind. Dort hat der Sender alle Räume aufgebaut, die man normalerweise braucht – das Wohnzimmer, Küche und Bad der wichtigsten Personen, das Stammlokal der Clique. Das Einzige, was diese Zimmer nicht zu bieten haben, ist eine Decke, denn von oben müssen Scheinwerfer die Szene ausleuchten.

Ein Drehtag beginnt früh, bei manchen Produktionen sind die Schauspieler schon ab 6 Uhr morgens in der Maske, also der Abteilung, wo sie geschminkt werden, und im Kostüm, wo sie ihre „Arbeitskleidung" für den Tag abholen. Ab 7.45 Uhr muss das Team vor Ort sein und ab 8 Uhr wird gedreht. Jetzt endlich kann die eigentliche Arbeit beginnen. Die berühmte Klappe, auf der steht, die wievielte Folge, Szene und Aufnahme es ist, wird ins Bild gehalten. Klapp! Es kann losgehen. Sekundengenau muss jeder spielen. Im Drehplan ist genau festgelegt, wie lange jede Einstellung dauern soll – meist nicht mehr als eineinhalb Minuten –, und überzogen werden darf nicht. Während in den Kulissen gedreht wird, sitzt das Regieteam oben am Probenmischpult, sieht sich auf vielen Monitoren an, was gedreht wird, und erteilt den Schauspielern am Set Anweisungen.

Ganz besonders wird beim Drehen auf den „Anschluss" geachtet. „Wir drehen nicht chronologisch, nicht so, wie es letztlich auf dem Bildschirm erscheint. Manchmal drehen wir die Szene, dass irgendjemand aus dem Haus kommt, am Anfang der Woche, und ein paar Tage später drehen wir, wie er im Haus ankommt", erklärt Patricia Hahne von der Produktionsfirma Grundy UFA. „Dazwischen kann natürlich sehr viel passieren. Da kann das Pflaster verrutschen, der Scheitel kann nicht mehr der gleiche sein, oder der oberste Knopf einer Bluse war am Anfang geöffnet und ist nun plötzlich geschlossen." Auf solche Details zu achten war lange Zeit ihr Job – „Script Continuity" nennt man die Leute, die mit einer Fülle von Notizen, Polaroids und einer geübten Beobachtungsgabe solche Fehler verhindern.

chronologisch: zeitlich geordnet

Polaroids: Fotos, die mit speziellem Fotoapparat gemacht werden

Einen fetten Patzer leisteten sich die GZSZ-Macher gegen Anfang der Serie: Milla Engel hatte lange Haare, als sie in einer Szene in den Fahrstuhl stieg, aber kurze, als sie in der Kabine war. Mit

einer offensichtlich rasant nachgewachsenen Mähne sah man sie dann wieder herauskommen. Die Lösung des Rätsels: Außenszenen und Fahrstuhlszenen waren im Abstand von einer Woche gedreht worden, und in der Zwischenzeit hatte sich die Schauspielerin die Haare schneiden lassen. Damit so etwas nicht öfter vorkommt, dürfen Soap-Stars nur mit Genehmigung zum Friseur! Auch wann einer der Schauspieler in Urlaub gehen darf, bestimmen Redaktion und Producing.

Die meisten Szenen einer Daily Soap spielen drinnen, denn der Aufwand für einen „Außendreh“ ist hoch: Lange bevor gedreht werden kann, muss der Regisseur auf Motivbesichtigung gehen und sich vor Ort umschauen. Meist wird die ganze Umgebung abgesperrt, die Straße, das Stück Strand oder das Lokal. Statt echter Passanten laufen angeheuerte Laiendarsteller („Komparsen“), die mit ein paar hundert Euro entlohnt werden, durchs Bild. Doch bevor es soweit ist, müssen erst eine Drehgenehmigung besorgt und Massen von Material – Kameras, Kamerabühnen, Kabel, Stromaggregate – mit LKWs vor Ort befördert werden. Bis das alles aufgebaut ist, vergehen gut und gerne ein paar Stunden. Wenn der Schauplatz noch nicht ganz so aussieht wie gewünscht, dann wird kräftig nachgeholfen: Ein bisschen Nebel oder Regen produziert, ein passendes Plakat an die Säule geklebt, ein paar Sonnenschirme verteilt.

: 3 Gliedere den Text in sechs bis acht Sinnabschnitte. Kennzeichne jeden Abschnitt durch eine Klammer am Rand. Nummeriere die einzelnen Abschnitte.

: 4 Formuliere zu jedem Sinnabschnitt eine Überschrift, die das Wichtigste treffend wiedergibt.

: 5 Wähle in dem Text drei Sinnabschnitte aus und fasse die Informationen jeweils in ein bis zwei Sätzen zusammen.

5 Prüfe dich selbst

Kann ich für eine bestimmte Lesesituation die angemessene Lesestrategie finden?

1 Ordne den Situationen Lesestrategien zu. In welchen Situationen ist es sinnvoll, zwei oder mehrere Strategien zu kombinieren?

a) Du sitzt vor deinem Erdkundebuch und sollst herausfinden, warum es am Nord- und Südpol so kalt ist und was das mit der Sonnenstrahlung zu tun hat. Du sollst morgen in der zweiten Stunde in der Klasse das Prinzip erklären.

b) Du hast in einer Kinder- und Jugendenzyklopädie das Stichwort „Klima" aufgeschlagen und willst jetzt sehen, ob in dem Text auch die Polargebiete vorkommen und ob es sich lohnt, mit der Enzyklopädie weiterzuarbeiten.

c) Du liegst auf deinem Lieblingsplatz und hast ein Buch vor dir, das du aus der Bibliothek ausgeliehen hast. In dem Buch wird von dem längsten Schlittenhunderennen der Welt erzählt – und zwar so, als ob der Leithund die Geschichte erzählen würde.

d) Du willst dir einen Hundeschlitten bauen und hast dir dafür einen Modellbausatz gekauft. Die Bastelanweisung liegt vor dir.

e) Du liest die spannende Lebensgeschichte eines bekannten Polarforschers. Dort findest du einen längeren Abschnitt, in dem es um Sonnenauf- und -untergänge geht. Kann man diesen Text nutzen, um die Hausaufgabe für den Erdkundeunterricht zu lösen?

a) ______________________________

b) ______________________________

c) ______________________________

d) ______________________________

e) ______________________________

Kann ich Tipps geben, wie man beim überfliegenden Lesen vorgeht und wie man das überfliegende Lesen üben kann?

2 Notiere Stichpunkte, was du beim überfliegenden Lesen beachten musst und wie du das überfliegende Lesen üben kannst.

____

____

____

____

____

Kann ich einen Text überfliegend lesen?

3 Unterstreiche beim Lesen des Textes ganz schnell alle Lebensmittel, die auf eine Einkaufsliste gehören. Fertige einen Einkaufszettel an.

Bitte vergiss nicht, 6x Milch zu holen. Montag müssen wir staubsaugen und Blumen gießen. Im Regal hinter den Nudeln findest du Honig und Erdbeermarmelade. Staubwischen und Aufräumen stehen Dienstag auf dem Programm. Aus dem Küchenschrank brauchen wir 6 Eier, 2 Päckchen Vanillezucker, 250 g Quark und ein Stück Butter. Das Bad müssen wir am Mittwoch putzen. Vati isst am liebsten Schnittkäse, für mich bitte einen Camembert mitbringen. Den Hamsterkäfig reinigen wir am Donnerstag. Bitte auch an Brot und etwas zum Naschen denken. Vor dem Wochenende müssen wir auch noch die Treppe wischen.

Einkaufszettel

Kann ich Tipps geben, wie man beim suchenden Lesen vorgeht und wie man das suchende Lesen üben kann?

4 Notiere Stichpunkte, was du beim suchenden Lesen beachten musst und wie du das suchende Lesen üben kannst.

Kann ich einen Text suchend lesen?

5 Überfliege den Text. Suche und markiere so rasch wie möglich die folgenden Begriffe. Welcher dieser Begriffe steht nicht im Text?

Paddel	Floß	Ruder	Einbäume
Kajak	Pirogen	Galeeren	Segelschiffe

Bernhard Schön: Wild und verwegen übers Meer (Ausschnitt)

Wir können uns heute kaum mehr vorstellen, welche unüberwindlichen Hindernisse es früher zu überstehen galt, um von einem Ort zum anderen zu gelangen. So waren weite Teile von Europa im Hochmittelalter noch von undurchdringlichen Urwäldern und Sümpfen bedeckt. Eine Handelsreise von einem Markt zum anderen dauerte auf den wenigen, unbefestigten Straßen oft Wochen. Mit dem Schiff dagegen konnten bei günstigen Winden bis zu 120 Kilometer in 24 Stunden zurückgelegt werden.

Bereits in vorgeschichtlicher Zeit wurden die Flüsse und Seen als Verkehrswege genutzt. Und Fischer haben sich schon vor Jahrtausenden auf das Meer gewagt, weil sie sich dort einen besseren Fang erhofften. So lassen sich nach Ausgrabungen an der Küste von Norddänemark für das Jahr 8000 v. u. Z. Reste von Hochseefischen nachweisen, die nicht von Land aus gefangen werden konnten. Wie die Schiffe dieser mutigen Seeleute ausgesehen haben, wissen wir nicht. Auf jeden Fall hat die Schifffahrt zuerst auf Bäumen stattgefunden, auf die man sich setzte oder stellte. Mehrere zusammengebunden ergaben ein Floß. Eine Weiterentwicklung der Einbäume waren die Pirogen (d. h. „mit Feuer ausgehöhlt“), in denen man bereits knien oder sitzen konnte; sie wurden unabhängig voneinander in verschiedenen Erdteilen erfunden.

Andere Völker schufen sich schwimmfähige Untersätze aus Rinde oder aus Fellen. Vermutlich haben sich die Menschen in diesen Wasserfahrzeugen zunächst mit den Händen oder mit langen Stangen vorwärts bewegt, bevor sie die Möglichkeit von Paddel und Ruder entdeckten. Mächtige Galeeren, zum Teil von drei und mehr übereinander angeordneten Ruderbänken aus angetrieben, beherrschten dann lange Zeit die Meere, bis die Segelschiffe so weit entwickelt waren, dass sie größere Lasten transportieren und weite Strecken zurücklegen konnten. Mit ihrer Hilfe fand man neue Handelswege, und es gelangen die ersten dokumentierten Fahrten rund um den Erdball. […]

✻ v. u. Z.: vor unserer Zeitrechnung

Kann ich beim Lesen eines Textes Vermutungen darüber anstellen, was die nächsten Schritte sein werden und wie sich der Inhalt weiterentwickelt?

6 Lies den Text und notiere deine Vermutungen in Stichworten zu folgendem Satz.

Diese Seefahrer mussten nicht nur viel Mut haben, sie besaßen auch ein hohes Wissen: über das Wetter, die Windrichtungen, den Stand der Sterne, die verschiedenen Meeresströmungen, das Verhalten der Seevögel und Fische …

Und welche Informationen erwartest du bei diesem Satz?

Bei einer Flussüberquerung genauso wie beim Erreichen der Küste musste die Wassertiefe gemessen werden, um das Boot nicht auf Sand oder gegen ein Riff zu setzen.

Bernhard Schön: Wild und verwegen übers Meer (Ausschnitt)

Diese Seefahrer mussten nicht nur viel Mut haben, sie besaßen auch ein reiches Wissen: über das Wetter, die Windrichtungen, den Stand der Sterne, die verschiedenen Meeresströmungen, das Verhalten der Seevögel und Fische: so haben Wildgänse den Wikingern den Weg nach Island „gezeigt". Und wer diese Informationen gut zu verwerten wusste, der fand die besten Fischgründe oder konnte fremde Küsten ansteuern, um dort lohnende Tauschgeschäfte zu machen.

Deshalb wurden solche Kenntnisse auch wie Staatsgeheimnisse gehütet: In vielen Ländern war es bei Todesstrafe verboten, Segelanweisungen oder Aufzeichnungen über Seewege weiterzugeben, mancher Kapitän bewahrte seine kostbaren Karten in einem Behälter auf, der mit einem dicken Stein beschwert war; fiel das Schiff Seeräubern oder anderen Feinden in die Hände, wurden die Karten auf dem Meeresboden versenkt. […]

Bei einer Flussüberquerung genauso wie beim Erreichen der Küste musste die Wassertiefe gemessen werden, um das Boot nicht auf Sand oder gegen ein Riff zu setzen. Alte Abbildungen aus Ägypten zeigen einen Mann im Vorschiff, der diese Aufgabe mit einer langen Stange erledigt. Die Gefahren in tieferen Gewässern wurden seit alters her „ausgelotet": Das Lot, ein Stück Blei an einer Leine, an der die Wassertiefe abgelesen werden konnte, ist eins der ältesten Navigationsinstrumente überhaupt.

Zwar gab es schon bei Griechen und Phöniziern Aufzeichnungen über die Landmarken, und von Südseevölkern sind Karten bekannt, die auf einem Gerüst von Palmadern mit Muscheln und Korallenstücken Inseln und ihre Lage zueinander anzeigen. Entfernungen, z. B. zum Ufer, wurden dabei nur geschätzt. Die Beschreibungen sahen dann so aus wie diese Hinweise eines alten Wikingers an seinen Sohn: „Ich fuhr drei Tage lang immer mit dem Vorschiff in Richtung Norden. Dann traf ich auf eine Insel, die ich zu meiner Linken liegen ließ. Nach weiteren zwei Tagen stieß ich auf eine kleine Insel, achte darauf, sie zu deiner Linken liegen zu lassen. Nun fährst du noch vier Tage, und schließlich siehst du Land."

Seekarten mit einer exakteren Bestimmung des Schiffsortes wurden erst seit Ende des 15. Jahrhunderts angefertigt, relativ genaue Unterlagen zeichnete erst der englische Kapitän James Cook um 1770; er hatte allerdings auch wesentlich bessere Instrumente zur Verfügung. Die im

15. und 16. Jahrhundert bedeutendsten Seefahrernationen, Spanien und Portugal, konnten sich für ihre Karten teilweise auf vergessene Berichte aus der Antike und auf Reiseaufzeichnungen stützen, z. B. von Marco Polo, vieles erfassten die Schiffskapitäne bei ihren Neu- und Wiederentdeckungen zum ersten Mal.

Kann ich in einem Text unbekannte Wörter und unklare Textstellen klären?

7 In dem Text „Wild und verwegen übers Meer" findest du eine Reihe von Zeitangaben, ohne dass Jahreszahlen genannt werden. Markiere in den beiden Texten auf Seite 37 und 38 f. die entsprechenden Textstellen.
Informiere dich in einem Nachschlagewerk, Geschichtsbuch oder im Internet, um welche Zeiten/Zeiträume es sich jeweils handelt. Schreibe die ungefähren Jahreszahlen auf.

Wikinger

Ägypten

bei Griechen

bei Phöniziern

Marco Polo

Kann ich in einem Text Schlüsselwörter markieren, die mir helfen, den Inhalt und die Themen des Textes zu erschließen?

8 Lies den ganzen Text „Wild und verwegen übers Meer" (Seite 38 f.) und unterstreiche mit dem Bleistift die Textstellen, welche die wichtigsten Informationen enthalten.

- Suche aus jeder unterstrichenen Textstelle ein oder zwei Schlüsselbegriffe heraus und markiere sie.
- Schreibe alle Schlüsselwörter in derselben Reihenfolge wie im Text auf.
- Überprüfe, ob du damit in Gedanken die wichtigsten Informationen des Textes wiedergeben kannst.

Kann ich beim Lesen des Textes Sinnabschnitte erkennen und kennzeichnen?

9 Gliedere den Text „Wild und verwegen übers Meer" (Seite 38 f.) in 6–8 Sinnabschnitte.
Kennzeichne jeden Abschnitt durch eine Klammer am Rand.

Kann ich zu den Sinnabschnitten eines Textes Überschriften formulieren?

10 Formuliere zu jedem Sinnabschnitt aus dem Text „Wild und verwegen übers Meer" (Seite 38 f.) eine Überschrift, die das Wichtigste treffend wiedergibt.

Kann ich Sinnabschnitte eines Textes in Stichworten zusammenfassen?

11 Wähle drei Sinnabschnitte aus und fasse die Informationen jeweils zusammen.
- Prüfe, ob du in der Lage bist, den wichtigsten Inhalt der drei Abschnitte mit Hilfe deiner Notizen wiederzugeben.

6 Kontrolle und Einschätzung, Tipps zur Weiterarbeit

AUFGABE	BEARBEITET AM	WIEDERHOLT AM	KONNTE ICH GUT	DAS WAR MITTEL	MUSS ICH ÜBEN	*Wenn du 😐 oder ☹ angekreuzt hast, dann bearbeite folgende Aufgaben im Teil Lesen und Üben:*
1						Aufgaben S. 42–91
2						S. 44/1; S. 50/1; S. 51/1; S. 54/1; S. 56/1
3						S. 44/1; S. 50/1; S. 51/1; S. 54/1; S. 56/1
4						S. 42/2
5						S. 42/2
6						S. 51/1; S. 54/1; S. 56/4; S. 67/3; S. 68/1; S. 72/1; S. 89/3; S. 91/1
7						S. 43/3; S. 48/1; S. 53/2; S. 55/2
8						S. 43/4, 5; S. 44/3; S. 46/1; S. 48/1; S. 50/2; S. 51/2; S. 55/3; S. 61/1; S. 67/1; S. 72/1; S. 73/3; S. 75/2; S. 83/2
9						S. 44/2; S. 45/1, 2; S. 48/1; S. 55/5; S. 67/1; S. 72/2; S. 75/2; S. 83/1; S. 85/2; S. 86/2; S. 91/2
10						S. 44/3; S. 48/1; S. 51/2; S. 55/6; S. 72/2; S. 75/2; S. 86/2
11						S. 43/5; S. 44/4; S. 46/2; S. 47/3; S. 51/2; S. 55/4; S. 68/2; S. 72/2; S. 83/2; S. 86/2; S. 91/2

EINSCHÄTZUNG DER LEHRERIN/DES LEHRERS ODER DER ELTERN:

AUF DEN SPUREN DER ENTDECKER

Bedingungen des Überlebens auf dem Meer

Alain Bombard, ein junger Assistenzarzt, hatte oft erlebt, dass Schiffbrüchige, die dem Ertrinkungstod entgangen waren, in ihren Rettungsbooten an Hunger und Erschöpfung zugrunde gegangen sind. Er begann, sich mit der Frage der Überlebenstechniken zu beschäftigen. Man schätzte, dass Menschen in einem Rettungsboot zehn Tage zu überleben vermochten. Nach Ablauf dieser Frist stellte man die Suchaktionen ein.

Der junge Arzt beschloss nachzuweisen, dass es möglich war, länger am Leben zu bleiben. Er begab sich nach Monaco, um im Institut für Meeresforschung zu arbeiten. Dort untersuchte er die Berichte von Schiffbrüchen und Rettungsunternehmen, studierte die Meeresfauna und erlernte verschiedene Arten zu fischen. Unter den Aufzeichnungen des Fürsten Albert I. von Monaco entdeckte er eine Notiz, die aus dem Jahre 1888 stammte und die ihn in seiner Arbeit bestärkte.

Der Fürst schrieb: „Eine Mannschaft, die man ohne Proviant in einem Boot aussetzt, kann überleben, wenn sie folgende Ausrüstung besitzt:

1. ein oder mehrere Netze aus dichtem Stoff, mit einer Öffnung von ein bis zwei Meter, die dem Einsammeln von kleinen Organismen oder Algen dienen;
2. einige Angelschnüre von 50 Meter Länge, an deren Ende Kupferdraht mit einem Angelhaken und einem künstlichen Köder für den Thunfischfang befestigt wird;
3. eine Harpune, zum Einholen von Fischen und Wrackteilen bestimmt, sowie einige glitzernde Angelhaken, die auch ohne Köder verwendet werden können;
4. eine Harpune für größere Fische, die sich oft in der Nähe von Wracks aufhalten.

Mit den Mitteln, die ich eben aufgezählt habe, vermögen Schiffbrüchige zu überleben, bis sie Hilfe erhalten."

Es handelte sich nun darum, Lebensmittelrationen zusammenzustellen, die das Überleben sicherten. Süßwasser gewann man aus Fischen – es stellt drei Viertel ihres Gewichtes dar. Sollte sich kein Anglerglück einstellen, so durfte man während der ersten Tage kleine Mengen von Meerwasser zu sich nehmen, um ein Austrocknen des Körpers zu vermeiden. Im Plankton fand man Vitamin C. Alle anderen lebensnotwendigen Substanzen und Mineralien waren im Fischfleisch enthalten.

314 Wörter

1 Lies den Text zügig und stoppe die Zeit. Kontrolliere deine Leseleistung mithilfe der Übersicht auf Seite 21.

2 Lies den Text und wende dabei die Strategie suchendes Lesen an. Notiere aus den Aufzeichnungen des Fürst Albert I. von Monaco, welche Ausrüstungsgegenstände für eine Mannschaft auf einem Boot ohne Proviant überlebensnotwendig sind.

3 Schreibe aus dem Text dir alle unbekannten Begriffe heraus. Kläre ihre Bedeutung und notiere diese.

4 Unterstreiche im Text wichtige Stellen mit Bleistift.

- Kontrolliere das Unterstrichene und suche die Schlüsselwörter heraus. Markiere sie mit einem Textmarker und radiere das, was du zu viel unterstrichen hast, weg.
- Unterstreiche die Nebeninformationen, die zur Erläuterung der Schlüsselwörter dienen, mit einem dünnen roten Stift.

5 Schreibe die Schlüsselwörter geordnet auf und gib mit ihnen den Text in eigenen Worten schriftlich wieder.

SCHLÜSSELWÖRTER:

ZUSAMMENFASSUNG DES TEXTES:

Freiwilliger Schiffbrüchiger an Bord

Der junge Arzt Bombard wollte seine Forschungsergebnisse überprüfen. Er beschloss, selbst auf einem Rettungsboot von 4,60 Meter Länge und 1,90 Meter Breite, das mit einem Segel von drei Quadratmeter versehen war, eine längere Reise zu unternehmen.

In Begleitung von Jack Palmer, einem Freund aus Panama, verließ Alain Bombard Monaco im Mai 1952. Die Fahrt durchs Mittelmeer verlief ohne Zwischenfall, sieht man von einem Ereignis ab, das der Arzt selbst als außergewöhnlich bezeichnete:

„Eines Tages vernahm ich aus der Ferne einen sonderbaren Laut, etwas Ungewohntes ging auf dem Meere vor. Wir krochen unter unserem Schutzdach hervor und hielten vor Überraschung den Atem an. Etwa hundert Meter entfernt stieg ein mächtiger, leuchtend weißer Körper an die Oberfläche, unwirklich und riesenhaft. Sollte dies ein urzeitliches Lebewesen sein? Die phantastische Erscheinung näherte sich langsam – als Vorsichtsmaßnahme lud ich mein Unterwassergewehr. Da erkannte ich verblüfft, dass es sich bei jenem gewaltigen Tier, das eine Länge von zwanzig bis dreißig Meter besaß, um eine Art handelte, die äußerst selten im Mittelmeer vorkommt, nämlich um einen weißen Wal.

Es galt, mir selbst und der Nachwelt zu beweisen, dass ich nicht an Sinnesverwirrung litt. So legte ich die überflüssige Waffe fort, ergriff meine Kamera und filmte das langsam näher kommende Riesentier. Dann harrten wir klopfenden Herzens der Dinge, die da kommen sollten.

Die roten Augen faszinierten mich, doch Jack verfolgte besorgt die Bewegungen der mächtigen Schwanzflosse, die unser kleines Boot mit einem Schlag zertrümmern konnte. Obwohl ich mir eine friedliche Begegnung mit einer Walherde vergegenwärtigte, sah ich doch mit Bangen, wie das Tier herankam. Es tauchte unter dem Boot durch, umkreiste uns, als wolle es seine schneeweiße Haut bewundern lassen, und glitt im Nebel fort.“

Die beiden Männer hatten Monte Carlo am 25. Mai verlassen und trafen am 25. Juni auf den Balearen ein. Von dort aus wollte Alain Bombard allein weitersegeln.

1 Überfliege den Text und notiere das Thema.

2 Gliedere den Text in Sinnabschnitte und verbinde die zusammengehörigen Teile mit einer Klammer.

3 Markiere in jedem Sinnabschnitt die Schlüsselwörter. Suche für jeden Sinnabschnitt eine Überschrift und schreibe sie jeweils neben die Klammer.

4 Schreibe die Teilüberschriften der Sinnabschnitte und die entsprechenden Schlüsselwörter geordnet auf. Fasse jeden Sinnabschnitt mit eigenen Worten mündlich zusammen.

Aufreibende Nächte auf See

M Am 25. Oktober fing Bombard die erste Goldbrasse. Dieser Fang bedeutete nicht allein Nahrung, sondern auch einen Köder und einen Angelhaken: Der gekrümmte Kiemendeckel bildete einen natürlichen Angelhaken (ähnlich denen, die die Menschen in der Steinzeit verwendeten).
Der freiwillige Schiffbrüchige erhielt an seinem Geburtstag ein besonderes Geschenk: Es gelang ihm, einen Seevogel zu erlegen, der um die Leinen mit den Ködern kreiste. Er aß das rohe Fleisch und stellte fest, dass es nach Fisch schmeckte.

A Am 11. November setzte Regen ein. Bombard nützte diesen, um die Salzkruste, die sich auf seinem Körper gebildet hatte, abzuwaschen und einen Trinkwasservorrat anzulegen (drei Wochen lang hatte er sein Wasser durch das Auspressen von Fischen gewonnen); von diesem Zeitpunkt an deckten regelmäßige Regenfälle seinen Wasserbedarf. Am selben Tag erschien ein Schwertfisch und umkreiste das Boot. Bombard bereitete sich zum Kampf vor, doch der Fisch blieb in einiger Entfernung und verschwand im Laufe der Nacht.

B Drei Tage nach seinem Geburtstag wurde das Boot von einem Hai angegriffen. Bombard band sein Messer am Ruder fest und stieß es in den Bauch des Raubfisches, der bald selbst als Fischfutter diente.

R Nach einem letzten Sturm in der Nacht vom 14. auf den 15. November erreichte er ruhigere Gewässer. Völlige Windstille trat ein. Das Boot bewegte sich innerhalb einer Stunde kaum hundert Meter weiter. Bombard, der erschöpft war und an Durchfall litt, verzweifelte.

B Alain Bombard nahm Kurs nach Süden und hoffte, dass ein günstiger Wind ihn zu den Kanarischen Inseln treiben würde. Am 30. August erhob sich denn auch ein starker Wind, was dem Seefahrer aufreibende Nächte bescherte: „Ich fühle mich am ganzen Leib zerschlagen und habe kein Auge geschlossen."

O Auch am folgenden Tag besserte sich die Lage keineswegs, doch mit viel Glück konnte Bombard auf den Kanarischen Inseln anlegen und den Sturm abwarten. Dann nahm er Kurs nach Westen. Sein Segel zerriss – er flickte es. Auch hatte er große Angst.
Er schrieb: „Vielleicht rührte meine Angst daher, dass ich die ganze Nacht gefroren hatte. Ich zitterte vor Kälte, meine Kleidung war feucht, die Haut von Salz bedeckt. Niemals war mir die Sonne so lieb. Ich hielt Ausschau nach den ersten Anzeichen der Morgenröte, ich erflehte ihr Kommen, ich glaubte an sie, wie an meinen Retter.
Aber statt der Sonne kam wieder ein Sturm. Das Boot war voll Wasser, es galt zu schöpfen. Höchste Eile war geboten. Ich arbeitete mit meinen Händen, später nahm ich den Hut zu Hilfe. Jede große Welle schlug gegen das Heck, Wasser strömte herein und machte die Anstrengungen der letzten Viertelstunde wieder zunichte. Ich vermag nicht zu sagen, wie ich, völlig erfroren, zwei Stunden lang besessen weiterarbeitete, bis das Boot geleert war."

D Am 23. Dezember sichtete Alain Bombard die Küste von Barbados. Die Überfahrt hatte 65 Tage gedauert. Er hatte den Beweis erbracht, dass ein Mensch imstande war, mit knapp bemessener Ausrüstung länger als zwei Monate auf hoher See zu überleben.
Das Unternehmen war vom wissenschaftlichen Aspekt her von Bedeutung, in den Augen der Öffentlichkeit überwog das Abenteuer. Der „Schiffbrüchige" wurde berühmt.

LÖSUNGSWORT: ....

! 1 In dem Text sind die Sinnabschnitte durcheinander geraten. Bringe sie in die richtige Reihenfolge. Die Buchstaben ergeben das Lösungswort.

2 Markiere im Text die Wörter, welche dir geholfen haben, die richtige Reihenfolge zu finden.

Michel Siffre – ein Reisender außerhalb der Zeit

1 Michel Siffre, 1939 in Nizza geboren, erkundete im Alter von 11 Jahren allein und nur mit einer Taschenlampe bewaffnet die Grotten in der Nähe seiner Heimatstadt. Aus ihm ist einer der erfolgreichsten Höhlenforscher geworden.

2 Im Jahr 1962 entschließt sich Michel Siffre zu einem Experiment. Er möchte Erkenntnisse über die Gefühle eines Menschen erlangen, der in Dunkelheit und völliger Stille einer totalen Isolierung ausgesetzt ist.

3 Am 16. Juli steigt der junge Wissenschaftler in eine Höhle ein. Zwei Monate will er dort verbringen, ganz allein, ohne Uhr oder Radio, die ihm eine Zeitmessung ermöglichen würden. Regelmäßig wird er die kleine Truppe, die an der Erdoberfläche bereitsteht, über seine Leistungen informieren; die Männer aber sollen ihm keine Auskunft erteilen, die das Experiment der „Zeitlosigkeit" gefährden könnten. So wird man zwei Monate lang imstande sein, den Schlaf-Wach-Rhythmus eines Menschen außerhalb jeder zeitlichen Orientierung zu überprüfen.

4 Einige Männer aus dem Forschungsteam helfen Siffre, die Ausrüstung in die Tiefe zu schaffen. Dann steigt einer nach dem anderen nach oben. Ein letztes „Auf Wiedersehen" – und schon werden die Leitern hochgezogen. Michel Siffre ist allein.

5 Einige Augenblicke verharrt er am Grunde des Schachts, wo ihn noch einige Geräusche erreichen, dann kommt ihm seine völlige Isolierung zu Bewusstsein: „Allein. Ich bin allein. Ich kann mich an diese Tatsache noch nicht gewöhnen, und doch bin ich es, der sie bewirkt, ja gewollt hat. Die Dunkelheit ist furchterregend. Mein schwaches Licht kann diesen neutralen, leblosen Raum, in dem das Gestein der absolute Herrscher ist, nicht durchdringen. Ich fühle mich ganz klein. Meine Lage ist tragisch, und ich will ihr noch nicht in die Augen sehen. Ich stehe immer noch hier, und meine Augen bleiben im dunklen Raum haften. Die Stille droht mich zu erdrücken, bis die Kälte mich schließlich aus meinen einsamen Träumen am Grund des vierzig Meter tiefen Schachts reißt. Ich klettere über Geröllhalden und kehre zu meinem Zelt zurück …"

6 Nach einer Nacht, in der er wiederholt aus dem Schlaf hochschreckt, fällt es ihm schwer, die Zeit zu bestimmen. Der Anstrengung des Vortags zufolge schätzt er die Stunde auf acht Uhr; als ihn rasender Hunger überfällt, nimmt er an, es sei ein Uhr mittags. Seiner Vermutung nach hat er gegen 16 Uhr plötzlich Lust zu schlafen. Das Experiment hatte tatsächlich begonnen.

1 Markiere in jedem Abschnitt die Schlüsselwörter und unterstreiche die Nebeninformationen.

2 Notiere zu jedem Abschnitt in wenigen Stichworten eine Zusammenfassung.

ABSCHNITT 1: ____________________

ABSCHNITT 2: ____________________

ABSCHNITT 3: ____________________

ABSCHNITT 4: ____________________

ABSCHNITT 5: ____________________

ABSCHNITT 6: ____________________

3 Fasse den gesamten Text in ganzen Sätzen zusammen.

„Die Zeit hat von nun an keine Bedeutung mehr“

Siffre verbringt seine Tage mit Kochen, Lesen und dem Studium des nahen Gletschers.

Sein Zeitgefühl aber ist stark gestört: „Immer wenn ich erwache, halte ich es für zwei oder drei Uhr morgens. Habe ich Hunger, so glaube ich, es sei 11 Uhr. Doch die Zeitspanne, die zwischen den beiden Punkten liegt, ist kurz und kann unmöglich acht Stunden betragen. Schon bald nach dem Essen aber werde ich müde und nehme an, es sei 16 Uhr. Ich muss also viel schlafen … Die Zeit hat von nun an für mich keine Bedeutung mehr …“

Siffres Einsamkeit wird nur von einer Spinne geteilt, die der Forscher füttert und die in seiner Nähe bleibt. Er aber leidet immer stärker an Müdigkeit; Dunkelheit, Kälte und die ständige Nässe irritieren ihn. Eine Art Schwindel befällt ihn, es gelingt ihm nur schwer, die Felsblöcke zu erklettern. Welcher Willensanstrengung bedarf es, der Mutlosigkeit standzuhalten und das Unternehmen weiterzuführen! Von nun an hält er sich die meiste Zeit im Schlafsack auf.

Dem Kalender zufolge, den Michel Siffre nach seinen Erfahrungswerten erstellt, kündigen ihm am Montag, dem 20. August, die beiden Sicherheitsbeamten, die am Rande des Schachts Wache halten, das baldige Ende seines Experiments an.

Während der Forscher das Datum mit 20. August festlegt, ist auf der Erdoberfläche der 14. September angebrochen – Siffre hat in nur zwei Monaten einen Zeitrückstand von drei Wochen erreicht. Noch liegt eine schwierige Wegstrecke vor ihm; die Freude über das Ende des schrecklichen Abenteuers aber lässt den Wissenschaftler nicht an den Aufstieg mit all seinen Gefahren denken.

In einer wahren Rettungsaktion hilft man dem stark erschöpften Mann schließlich ans Tageslicht.

! 1 Lies den Text gründlich und bearbeite ihn.

- Kläre unbekannte Wörter oder unklare Textstellen.
- Markiere Schlüsselwörter und unterstreiche Nebeninformationen.
- Gliedere in Sinnabschnitte und suche Teilüberschriften.

2 Beantworte anschließend die Fragen. Kreuze an.

Mit wem teilt Siffre seine Einsamkeit?

- ☐ mit einer Spinne
- ☐ mit einer Fledermaus
- ☐ mit einer Maus

Woran leidet Siffre?

- ☐ Schlaffheit
- ☐ Ermattung
- ☐ Müdigkeit

Wo hält sich Siffre meist gegen Ende des Experiments auf?

- ☐ Er klettert auf Felsblöcke.
- ☐ Er untersucht die Höhle.
- ☐ Er liegt in seinem Schlafsack.

Womit hat Siffre seine Zeit in der Höhle hauptsächlich verbracht?

- ☐ kochen
- ☐ schlafen
- ☐ Tagebuch schreiben

Warum macht Siffre das Experiment?

- ☐ Er will selbst einen Kalender erstellen.
- ☐ Er will erkunden, welches Zeitgefühl ein Mensch im Dunkeln und ohne Uhr hat.
- ☐ Er will den Gletscher im Dunkeln erforschen.

Woran merkt man, dass Siffres Zeitgefühl gestört ist?

- ☐ Er hat andere Schlaf- und Wachzeiten als „normal“ üblich.
- ☐ Er weiß nicht, wie spät es ist.
- ☐ Die Zeit hat für ihn keine Bedeutung.

Kolumbus' große Entdeckung

Wir schreiben das Jahr 1492 und ich, Admiral Christoph Kolumbus, befinde mich mit meiner Mannschaft und drei Schiffen unter spanischer Flagge auf hoher See. Vor nunmehr neunundsechzig Tagen sind wir von den Kanarischen Inseln aus in See gestochen, um einen Seeweg nach Indien zu finden.

Denn ich bin noch immer der festen Überzeugung, dass die Erde nicht, wie meine Zeitgenossen und die Kirchenväter behaupten, eine Scheibe ist. Vielmehr muss sie nach den Berechnungen meines Freundes Machiavelli eine Kugel sein, auf der man, wenn man nach Westen fährt, irgendwann einmal nach Indien gelangt.

Um Rechenschaft abzulegen über meinen Auftrag, schreibe ich alles genauestens in meinem Logbuch nieder, Tag für Tag. Im Schein einer kleinen Öllampe sitze ich nach Sonnenuntergang in meiner Kajüte, schreibe und warte, bis endlich der erlösende Ruf ertönt: „Land in Sicht!"

Wir schreiben den 11. Oktober im Jahre des Herrn. Heute zog man auf der „Pinta" ein Schilfrohr und einen Stock aus dem Wasser, der Spuren von Bearbeitung zeigte. Auch von der „Nina" erblickten Seeleute erste Anzeichen nahen Landes, nämlich einen Ast voller Früchte, die wie Hagebutten aussahen.

Es muss endlich etwas geschehen, denn viel länger kann ich meine Männer nicht mehr vom Gelingen unserer Mission überzeugen. Selbst, wenn unsere Vorräte noch fast ein dreiviertel Jahr reichen und wir bisher von größeren Stürmen verschont blieben, herrscht große Angst, Unruhe und immer wieder Aufruhr an Bord unserer Schiffe.

Heute ist der siebzigste Tag an Bord, der 12. Oktober 1492. Meine Gebete zu Gott, unserem Herrn, werden jeden Tag lauter. Allmählich macht mir das Zaudern und Hadern meiner Mannschaft zu schaffen. Könnte ich sie nur irgendwie überzeugen. Wüssten sie, dass wir schon mehr als eineinhalbmal so viel Seemeilen zurückgelegt haben, als ich vorausberechnet habe, würden sie noch mutloser werden. Manche geben mir die Schuld für das waghalsige Unternehmen und ihren nahenden Tod. Heute muss es soweit sein!

Ich habe streng befohlen, gut Ausschau zu halten, nachdem wir unseren Kurs in südwestliche Richtung geändert haben. Gegen 22.00 Uhr glaubte ich selbst einen Lichtstreif am Horizont erkennen zu können, aber es muss wohl eine Täuschung gewesen sein.

Plötzlich ertönte von Deck ein lautes, durchdringendes Rufen: „Land voraus!", es war zwei Uhr morgens, und ich saß noch immer über meinen Berechnungen. Schnell erhob ich mich von meinem Stuhl und lief an Deck. Von allen Seiten strömten die Matrosen herbei und wollten das Unbegreifliche mit eigenen Augen sehen. Ich ließ meinen Blick schnell über den Horizont schweifen – und tatsächlich: schemenhaft war ein weißer Sandstrand mit Palmen in südwestlicher Richtung sichtbar. Schnell ließ ich die „Santa Maria" beidrehen und den Anker auswerfen. Die beiden anderen Schiffe taten es uns nach, um so bis zum Morgen in sicherer Entfernung abzuwarten.

Mit Sonnenaufgang glitten wir, die zwei Kapitäne der „Nina" und „Pinta", ich und eine Hand voll bewaffneter Matrosen, in einem Beiboot durch die Wellen. Ich konnte es kaum erwarten, aus dem Boot zu springen und Land unter meinen Füßen zu spüren. Schnellen Schrittes watete ich durch das Wasser an Land und kniete mich dort im Sand nieder. Meine beiden Kapitäne waren mir gefolgt, reichten mir die königlichen Banner und Flaggen, die ich mit aller Kraft in den Boden rammte. So nahmen wir das Land Indien und deren Bewohner für die spanische Krone in Besitz.

1 Überfliege den Tagebucheintrag auf Seite 49 und fasse zusammen, worum es in dem Text geht.

____

____

____

2 Lies den Text genau. Vervollständige die W-Fragen zu dem Tagebuchausschnitt und unterstreiche in dem Text alle Informationen, die du auf diese W-Fragen erhältst.
Notiere in Stichworten die Antwort.

Wer ______________________________?

Kolumbus ______________________________

Wann ______________________________?

____

Wo ______________________________?

____

Warum ______________________________?

____

______________________________?

____

______________________________?

____

______________________________?

____

3 Verfasse über den größten Tag im Leben des Kolumbus einen Bericht für eine Zeitung.
Denke auch an eine Überschrift und gestalte deinen Text als Zeitungsbericht.
Arbeite im Heft.

Richard Platt: Portugiesische Entdecker

1497, vier Jahre nachdem Kolumbus zurückgekommen war, reiste der portugiesische Seemann Vasco da Gama in die andere Richtung – nach Osten. Er wollte um Afrika herum nach Indien gelangen. Im frühen November erreichte er das Kap der Guten Hoffnung, wurde aber durch schlimme Stürme gestoppt. Die Besatzung war nahe am Meutern. Da warf er alle Seekarten ins Meer und sagte ihnen, dass Gott allein ihm den richtigen Weg zeigen werde. Die Seeleute verstanden, dass es kein Zurück mehr gab.

Da Gama segelte die Ostküste Afrikas hinauf und überreichte den Eingeborenen billigen Schmuck. Es waren umherziehende Bauern, die so etwas noch nie gesehen hatten. Sie gaben den Portugiesen dafür Fleisch und Trinkwasser.

Je weiter nördlich sie kamen, desto weniger begeistert waren die Eingeborenen von ihren Geschenken. Sie hatten von „weißen Geistern" in viel schöneren Schiffen schon schönere Geschenke bekommen (vermutlich von Cheng Ho).

Aber es gab Schlimmeres: Die Hände und Füße seiner Seeleute schwollen an und das Zahnfleisch blutete. Sie hatten Skorbut – eine furchtbare Krankheit, die später auf allen langen Seereisen vorkam.

Trotz dieser Schwierigkeiten überquerte Vasco da Gama den Indischen Ozean und erreichte im Mai 1498 Calicut (Kozhikode) in Indien. Der reiche Hindu-Herrscher begrüßte da Gama, aber über seine Geschenke konnte er nur lachen: Waschschüsseln und ranzige Butter! Da Gama hatte gedacht, mit diesen einfachen Geschenken arme Eingeborene beeindrucken zu können. Doch das beabsichtigte Handelsabkommen konnte er damit nicht aushandeln. Er machte sich auf den Heimweg und verlor dabei ein Drittel seiner Besatzung durch Skorbut.

Aber der Seeweg nach Indien war endlich gefunden und die Portugiesen kontrollierten 20 Jahre fast den gesamten Seehandel mit Indien. 1502 kehrte da Gama mit besseren Waren und größeren Schiffen zurück.

1 Verschaffe dir in einer Minute einen Überblick über den Textinhalt. Orientiere dich z. B. an der Überschrift sowie an den Jahreszahlen und lies jeden Absatz nur kurz an. Notiere dann, ohne weiter in den Text zu schauen, was du vermutlich erfahren wirst.

! 2 Lies jetzt Abschnitt für Abschnitt gründlich. Markiere Schlüsselwörter und mache dir zu den wichtigsten Informationen jedes Abschnitts Randnotizen.

3 Entscheide, ob folgende Aussagen den Inhalt richtig oder falsch wiedergeben. Kreuze an.

		richtig	falsch
a)	1497 reiste der spanische Seemann Vasco da Gama in Richtung Osten, um nach Indien zu gelangen.	☐	☐
b)	Am Kap der Guten Hoffnung brachen starke Stürme aus.	☐	☐
c)	An der Ostküste Afrikas übergab Vasco da Gama den Eingeborenen teure Geschenke.	☐	☐
d)	Im Mai 1498 erreichte da Gama Indien.	☐	☐
e)	1502 kehrte er von seiner ersten Indienreise mit guten Waren und großen Schiffen in die Heimat zurück.	☐	☐

4 Korrigiere die falschen Aussagen.

5 Informiere dich in einem Nachschlagewerk oder im Internet über das Leben von Vasco da Gama und notiere stichpunktartig wichtige Informationen.

Das Leben der Seeleute an Bord

Auf einer so ausgedehnten Reise wie der von Magellan konnte das Leben an Bord, das bestenfalls unbequem war, zum Alptraum werden. Langeweile tötete den Geist, fauliges Wasser und verdorbene Lebensmittel zehrten am Körper. Die Enge der Unterkünfte reizte zu Temperamentsausbrüchen. Gegen die Langeweile nahm Magellan zusammen mit seinen Vorräten auch „fünf Trommeln und 20 Tamburins zur Zerstreuung der Besatzung" an Bord. Der größte Teil der Freizeit wurde jedoch auf althergebrachte Weise verbracht: Man erzählte sich Seemannsgeschichten. Häufig versuchten die Kapitäne, die Zahl der altgedienten Seeleute möglichst gering zu halten, und nahmen lieber Neulinge mit, von denen man sich neue Erzählungen versprach. Aber einen gewissen Stamm dieser alten Seebären brauchte man doch, um die neuen Männer einzuarbeiten.

Erfahrene Seeleute neigten auch dazu, alles besser zu wissen als der Kapitän, und erhöhten dadurch die Gefahr der Meuterei. Es war ohnehin schwierig, die Disziplin aufrechtzuerhalten, denn zu den Unbequemlichkeiten an Bord gesellte sich noch die Angst vor unbekannten Meeren. Gehorsam stellte sich nicht automatisch ein, und ein Kapitän musste hart arbeiten, um sich gegenüber einer aufsässigen Mannschaft zu behaupten. Die Folge war, dass oft zu drastischen Maßnahmen gegriffen wurde. […]

1 „Die Folge war, dass oft zu drastischen Maßnahmen gegriffen wurde." (Z. 26–28)
Auf dem Bild sind einige dieser Maßnahmen dargestellt. Beschreibe sie.

____

____

2 Eine der Maßnahmen war das so genannte Kielholen. Versuche aus dem Begriff abzuleiten, was damit gemeint ist. Nimm auch die Abbildung zur Hilfe.

! 3 Beantworte in Stichworten folgende Fragen mithilfe des Textes. Gib auch die entsprechenden Textstellen mit Zeilenangabe an.

- Warum war es schwierig, die Disziplin an Bord aufrechtzuerhalten?
- Was haben die Seeleute getan, damit das Leben an Bord nicht so eintönig und langweilig war?

____

____

____

Das Leben der Seeleute an Bord (Fortsetzung)

Die Männer waren in turnusmäßig wechselnde Wachen von je vier Stunden eingeteilt. (Acht abgelaufene Halbstunden-Sanduhren waren das Zeitmaß für eine volle Wache. Die Schiffsglocke oder die Rufe des Schiffsjungen verkündeten das Wenden des Glases.) Zu den Aufgaben während der Wache zählten Segelsetzen, Deckschrubben und die Arbeit in der Takelage [...]. War die Wache zu Ende, legten sich die Männer zum Schlafen auf die harten Decksplanken. Es gab weder Matratzen noch Hängematten für sie. Nur die Offiziere hatten Kajüten mit Kojen. Über die Reling hinausragende hölzerne Käfige dienten als Latrinen. Bei rauer See benutzten die Seeleute jedoch die Bilgen im untersten Schiffsbauch. Folglich waren die Schiffe stets von einem üblen Geruch durchdrungen, auch wenn die Bilge während einer Fahrt mehrmals gereinigt und ausgescheuert wurde. Nur einmal täglich, meistens um die Mittagszeit, gab es für die Mannschaft eine warme Mahlzeit. Da die damaligen Schiffe noch keine Kombüse hatten, wurde an Deck gekocht über einem Feuer, das in einer mit Sand gefüllten Kiste brannte. Bei Regen gab es kalte Verpflegung. In jedem Fall jedoch war die Seemannskost eintönig. Sie bestand aus Pökelfleisch, etwas Käse, ein paar Bohnen, Zwiebeln und dem Hauptbestandteil jeder Nahrung an Bord: Schiffszwieback. Die in undichten Fässern gelagerten Lebensmittel verdarben bald. Das Fleisch verfaulte, und der Zwieback wurde vom Getreidekäfer befallen. Um ihre un appetitliche Mahlzeit hinunterzuspülen, gab es für die Mannschaft Wasser und Wein, die jedoch beide in den hölzernen Fässern rasch schlecht wurden. Der Wein wurde zu widerlichem Essig, das Wasser verfaulte und stank derart, dass sich die Seeleute beim Trinken die Nase zuhielten. Dadurch, dass Sie kein Obst und frisches Gemüse hatten, kam es immer wieder zu Mangelerscheinungen an Vitamin C. Dies führte zu schweren Skorbuterkrankungen. Tatsächlich starben mehr Seeleute an diesem Leiden als an allen anderen sich auf See ereignenden Katastrophen zusammen. Bei dieser Krankheit schwollen die Gaumen an und verfärbten sich schwarz, die Zähne fielen aus, und die Glieder wurden so schwach, dass man sich nicht mehr aufrecht halten konnte. Ein Skorbutkranker aus dem 16. Jahrhundert schilderte die verheerenden Wirkungen des Skorbuts: „Täglich starben mehrere unserer Leute daran, und ständig sahen wir, wie man ihre Leiber, drei oder vier auf einmal, ins Meer warf. Größtenteils schieden sie aus dem Leben, ohne dass ihnen Hilfe zuteil wurde – hinter einem Gehäuse oder einer Kiste, Augen und Fußsohlen bereits von den Ratten angenagt.“ [...] Dennoch war die Anmusterung für eine lange Seereise keine reine Torheit, wie man angesichts der Gefahren des Lebens an Bord meinen könnte. Der gewöhnliche, arme, ungelernte Seemann des 16. Jahrhunderts hätte an Land keine wesentlich besseren Lebensbedingungen vorgefunden. Und außerdem konnte man auf jeder Reise nicht nur Abenteuer erleben, sondern auch Beute machen, sofern man lange genug lebte, um seinen Anteil zu kassieren.

1 Verschaffe dir rasch einen Überblick über den Textinhalt. Notiere, ohne länger in den Text zu schauen, um welche Informationen es vermutlich geht.

2 Kennzeichne im Text dir unbekannte Wörter sowie unklare Textstellen und kläre sie.

3 Lies den Text genau und unterstreiche mit Bleistift die Textstellen, welche die wichtigsten Informationen enthalten. Suche aus jeder unterstrichenen Textstelle die Schlüsselbegriffe heraus und markiere sie.

4 Schreibe die markierten Wörter in derselben Reihenfolge wie im Text auf. Überprüfe, ob du damit in Gedanken die wichtigsten Informationen des Textes zusammenfassen kannst.

! 5 Gliedere den Text mithilfe von Klammern in Sinnabschnitte.

! 6 Formuliere zu jedem Sinnabschnitt eine Überschrift, die das Wichtigste treffend wiedergibt. Du kannst dafür auch die Frageform verwenden.

! 7 Erkläre mit eigenen Worten die folgenden zwei Sätze aus dem Text:

Dennoch war die Anmusterung für eine lange Seereise keine reine Torheit …

Und außerdem konnte man auf jeder Reise […] auch Beute machen, sofern man lange genug lebte, um seinen Anteil zu kassieren.

MIT FAMILIE UND FREUNDEN

Peter Härtling: Alter John (Anfang)

Ehe Alter John einzog, gab es einen gewaltigen Krach. Bei Schirmers muss das so sein. Alles Neue oder Außergewöhnliche wird auf jeden Fall ausführlich und meistens auch laut besprochen. Ohne einen ordentlichen Krach geht das Leben in der Familie nicht voran.

Schirmers saßen beim Abendessen in der Küche. Sie ist der größte Raum in dem alten Haus, in das sie erst vor Kurzem eingezogen sind.

Laura und Jakob verfolgten gespannt die Auseinandersetzung zwischen den Eltern. Mutter war dafür, dass Alter John bei ihnen wohne. Vater hatte, wie er dauernd sagte, so seine Bedenken. Alter John ist schon fünfundsiebzig, sagte er. Er kann doch bald zum Pflegefall werden. Außerdem spinnt er ein bisschen! Das weißt du doch, Irene.

Ja?, fragte Mutter bloß und machte Vater noch wütender. Wenn die Eltern auf hundert waren, vor allem Vater, dann war es vernünftiger, man mischte sich nicht ein. Laura traute sich trotzdem: Alter John ist doch Mamas Vater, sagte sie. Jakob fügte schnell hinzu: Unser Großvater!

Hältst du mich für dämlich, schrie Vater und trommelte mit der Gabel auf dem Teller. Mutter machte ihn darauf aufmerksam, dass der Teller kaputtgehen könne. Vater kümmerte sich nicht darum. Er trommelte weiter und sagte mit vor Zorn zusammengezogenen Augenbrauen: Ihr habt euch hier überhaupt nicht einzumischen.

Aber das ist doch ihr gutes Recht, fand Mutter, stand auf und zog den Teller unter Vaters wirbelnder Gabel weg. Die Kinder werden genauso mit Alter John zusammenleben wie wir.

1 Überfliege den Text und schreibe in einem Satz auf, worum es in diesem Gespräch geht.

____

2 Lies den Text genau und unterstreiche, welche Positionen die verschiedenen Familienmitglieder einnehmen. Notiere Stichworte.

Laura: ____

Jakob: ____

Mutter: ____

Vater: ____

3 Familie Schirmer möchte Alter John einladen, bei ihnen in Zukunft zu wohnen. Doch auch Alter John hat so seine Bedenken. Verfasse einen Brief an Alter John, in dem du ihn einlädst und überzeugst, das Angebot anzunehmen. Arbeite im Heft.

4 Alter John zieht bei der Familie Schirmer ein. Stelle Vermutungen an, wie sich das Leben der Familie wohl verändern wird.

____

____

____

____

Peter Härtling: Alter John (Ausschnitt)

Dann war der Wurm drin. Ganz unerwartet. Nichts klappte mehr. Dauernd wurde gestritten, gekabbelt, gemault. Laura hielt sich mehr im Dorf auf als zu Hause. Jakob verschanzte sich im Gartenhaus. Mutter beriet noch ausgiebiger Familien als vorher. Vater arbeitete bis in die Nacht. Alles, weil Alter John, wie Jakob meinte, nicht mehr richtig tickte. Was der natürlich bestritten hätte. Denn er fühlte sich pudelwohl, war obenauf. Alter John hatte sich verliebt! Das war alles. Das reichte aus, nichts mehr stimmen zu lassen.

Die Vernunft ist abgeschafft!, brüllte Vater und blies in die leere Pfeife. Wie kann ich weiter unter Blöden leben?, klagte Alter John und lebte weiter unter Blöden.

Ich versteh euch alle nicht. Was ist bloß los? Jeder behauptete von sich, überhaupt nicht gereizt, überhaupt nicht anders zu sein als sonst. Freundlich wie immer, sagte Vater. Das „r" in freundlich rollte wie schwerer Donner.

No, was sag ich, unterstrich Alter John. Er hatte schon vier Wörtchen zu viel gesprochen. Die Blitze schlugen um ihn ein. Durch Kleinigkeiten hatte sich Alter Johns große Leidenschaft angekündigt. Er zog jetzt, wenn er fortging, immer ein Hemd mit Fliege an. Die Fliegen bekamen immer kühnere Muster, sahen immer feuriger aus. Sein weißes Haar, das er früher manchmal zu kämmen vergaß, war nun stets tadellos gestriegelt. Die Stirnlocke besonders schön herausgearbeitet. Etwas konnte mit ihm nicht stimmen.

Wurde Alter John auf seine gesteigerte Eitelkeit angesprochen, blickte er verwundert um sich, als seien andere gemeint.

Ehe er an einem Abend wieder ausging, schön gemacht und nach Rasierwasser duftend, erklärte er der vollständig in der Lungerstube anwesenden Familie, dass er … Weiter kam er erst einmal nicht. Er stockte, suchte nach einem treffenden Ausdruck. Dass ich, dass ich, dass ich …, sagte er. Dann nahm er einen riesigen Schwung, um über dieses „dass ich" hinauszukommen, schaffte es und konnte sagen: Dass ich eine Bekanntschaft geschlossen habe, dass ich mich gewissermaßen ein bissel verliebt habe.

Jakob kicherte verlegen, schlug sich mit der Hand auf den Mund. Laura verzog das Gesicht, als hätte ihr einer Juckpulver in den Kragen geschüttet. Vater zog an der Pfeife, als sei sie ein Heizwerk. Mutter schlug die Hände zusammen und sagte keinen besonders gescheiten Satz. Sie sagte: Das ist doch nicht möglich!

Ist das alles, was ihr dazu wisst?, fragte Alter John, halb verlegen, halb beleidigt. Alles?

Nein, zischte Vater zwischen zwei Pfeifenzügen. Prima! Ist die Dame uns bekannt? No, vielleicht vom Sehen. Vaters plötzliches Interesse schien Alter John zu beflügeln. Er brauchte nicht mehr zu stottern. Ich hab sie im Bus kennen gelernt, nachmittags, wenn sie von Stuttgart heimfuhr. Sie wohnt am anderen Ende des Dorfes. Eine, möcht ich sagen, liebenswerte und höchst ansehnliche Dame. Endfünfzigerin. Lehrerin an einer Stuttgarter Schule. Also, nun wisst ihr alles und nix. Und ich muss gehen. Er ging nicht. Er ließ seine Freundin warten, weil er sich vorher noch mit seiner Familie streiten musste.

Zuerst mit Jakob, der, ziemlich unvorsichtig und mehr zu sich selbst, gesagt hatte: Dass Alter John sich sogar verknallen kann? Alter John, schon auf dem Weg zur Tür, machte blitzschnell kehrt, schoss auf Jakob zu. Laura stellte sich ihm vorsichtshalber in den Weg. Die Adern standen an dem dünnen Hals hervor wie Stricke.

Also, du meinst, lieber Enkel, ein alter Knacker wie ich kann sich nicht mehr verknallen? – Nein, das kann er nicht mehr! Er lebt eigentlich schon gar nicht mehr. Sein Kopf ist leer. Sein Herz ist leer. In seinen Adern rieselt Staub. Das denkt sich Jakob, mein neunmalgescheiter Enkel. Ein bissel blöd ist er schon! Wenn ich will, kann ich mich noch mit hundert verlieben, verknallen, verschauen, vergucken. Die Rede hatte Alter John so angestrengt, dass er sich gar nicht erst in seine Sofaecke setzte, sondern auf den nächstbesten Stuhl.

Jakob wusste sich nicht anders zu helfen, als in der Nase zu bohren. Dann sagte er leise: Ich hab‘ das ja nicht so gemeint, Alter John. Aber ich, erklärte Alter John. Nun ritt er auf dem hohen Ross und ließ sich durch keine Entschuldigung erweichen.

Andererseits hat der Junge … Vater murmelte und man wusste nicht, wohin er mit seinen Gedanken wollte. Andererseits? Alter John wartete angespannt auf den nächsten Angriff. Mutter schaute ihn ärgerlich an. Ich finde es einfach kindisch, wie du dich benimmst. Ich meine, nicht mit der Dame. Ich meine, wie du dich hier aufplusterst. Es ist ja schon etwas seltsam, wenn ein Sechsundsiebzigjähriger seine Liebe gesteht oder so.

Ich halte das nicht mehr aus! Alter John war aufgesprungen. Er blitzte durch zusammengekniffene Augen Mutter an, rückte den Propeller am Hals zurecht, marschierte stelzend hinaus.

Es war allen nicht ganz wohl, als die Tür hinter ihm zufiel. Das war falsch, sagte Vater. Mutter nickte. Im Grunde müssten wir uns freuen. Vater fand in Jakob den Schuldigen. Er hätte angefangen und Alter John lächerlich gemacht. Das stimmt doch nicht. Doch!

Und sie stritten schon wieder, obwohl sie gar nicht streiten wollten. Ihre Gereiztheit hatte also mit Alter Johns Verliebtheit zu tun.

Aber warum?

1 Lies den Text genau und unterstreiche mit verschiedenen Farben, wie der Vater, die Mutter, Jakob und Laura auf das Geständnis von Alter John reagieren.
Suche jeweils passende Adjektive und notiere sie neben den Textstellen.

ALTER JOHN *(stockend und stotternd):* Dass ich, dass ich … Dass ich eine Bekanntschaft geschlossen habe, dass ich mich gewissermaßen ein bissel verliebt habe.

MUTTER *(überrascht):* Das ist doch nicht möglich!

ALTER JOHN *(halb verlegen, halb beleidigt):* Ist das alles, was ihr dazu wisst? Alles?

VATER *(zischend zwischen zwei Pfeifenzügen):* Nein. Prima! Ist die Dame uns bekannt?

ALTER JOHN *(beschwingt):* No, vielleicht vom Sehen. Ich hab sie im Bus kennen gelernt, nachmittags, wenn sie von Stuttgart heimfuhr. Sie wohnt am anderen Ende des Dorfes. Eine, möcht ich sagen, liebenswerte und höchst ansehnliche Dame. Endfünfzigerin. Lehrerin an einer Stuttgarter Schule. Also, nun wisst ihr alles und nix. Und ich muss gehen.

JAKOB *(leise, zu sich selbst):* Dass Alter John sich sogar verknallen kann?

ALTER JOHN *(sehr wütend):* Also du meinst, lieber Enkel, ein alter Knacker wie ich kann sich nicht mehr verknallen? – Nein, das kann er nicht mehr! Er lebt eigentlich schon gar nicht mehr. Sein Kopf ist leer. Sein Herz ist leer. In seinen Adern rieselt Staub. Das denkt sich Jakob, mein neunmalgescheiter Enkel. Ein bissel blöd ist er schon! Wenn ich will, kann ich mich noch mit hundert verlieben, verknallen, verschauen, vergucken.

JAKOB *(leise):* Ich hab’ das ja nicht so gemeint, Alter John.

ALTER JOHN *(bockig):* Aber ich.

VATER *(murmelnd):* Andererseits hat der Junge …

ALTER JOHN *(angespannt):* Andererseits?

MUTTER *(ärgerlich):* ______

2 Vervollständige mithilfe des Textes (auf Seite 58) den Streit in wörtlicher Rede. Notiere Regieanweisungen in Klammern vor dem Sprechertext.

3 Lies den Streit betont vor. Berücksichtige dabei die Regieanweisungen in Klammern und achte auf deine Sprechweise, Mimik, Gestik und Körperhaltung.

4 Überlege, warum die Familie so reagiert. Notiere Stichpunkte.

Christine Nöstlinger: Mundhalten

Der Heini
hat eine Fensterscheibe
zerschlagen.
Das sollte er
seinem lieben Vater sagen.
Die Anni
muss heuer auf gute Noten
verzichten.
Das soll sie
ihrer armen Mutter berichten.
Und Eva
verlor ihre neue Mütze
beim Windeswehn.
Das sollte sie
den guten Eltern gestehn.
Doch alle drei
werden gar nichts erzählen.
Warum
sollten sie denn
ihre Eltern so quälen?
Die sind gerade
enorm fröhlich und heiter.
Da ist
Mundhalten viel gescheiter.

1 Trage das Gedicht betont vor.

2 Wähle eine der Situationen aus und schreibe eine mögliche „Beichte“ für die Eltern. Arbeite im Heft.

Liebe große Schwester,

ich habe geduldig ertragen, daß Du mir immer, wenn Dein Freund zu Besuch kommt, die Augen zubindest und Watte in die Ohren stopfst!

Ich weiß ja, daß eine junge Liebe ungestört sein will!

Aber daß ich jetzt auch noch unter mein Bett kriechen soll, weil Deinen Freund mein Anblick stört, ist zuviel!

Zwischen dem Teppichboden und dem Betteinsatz sind nur zwei Handbreit Platz. So geht es nicht!

Falls Du das nicht selbst einsiehst, muß ich leider unsere Eltern mit diesem Problem belästigen.

Deine kleine Schwester

1 Schreibe einen Antwortbrief der großen Schwester an die kleine Schwester in ähnlicher Form, aber natürlich in neuer Rechtschreibung. Arbeite im Heft.

Die Geburtstagsparty

Die Zwillinge Susanne und Tim aus Weil der Stadt sind schon ganz aufgeregt. In knapp einer Woche haben sie Geburtstag, genau am Donnerstag, dem 12. 12. Sie sind sich einig, dass so ein elfter Geburtstag richtig groß gefeiert werden muss. Aber wie?

Ihre Eltern haben erlaubt, dass sie am Samstag nach ihrem Geburtstag zusammen 10 Kinder aus ihrer Klasse einladen dürfen. Tim schlägt vor, mit der ganzen Geburtstagsgesellschaft einen Ausflug in die Wilhelma zu machen. Da die Eintrittspreise ziemlich hoch sind, ist ihre Mutter dagegen.

Darüber ist Susanne ganz froh, denn sie möchte unbedingt eine Schlafanzug-Party feiern. Obwohl sich Tim seine Freunde noch nicht so recht im Schlafanzug vorstellen kann, willigt er schließlich ein.

Überrascht sind die beiden, als ihre Mutter auch noch erlaubt, dass die Gäste über Nacht bleiben dürfen. Natürlich gibt es im Haus nicht für jeden ein Bett und eine Bettdecke, deshalb sollte man den Gästen Bescheid geben, was sie zum Übernachten mitbringen müssen. Susanne findet, dass ein Abendessen bei Kerzenschein zu der Party passen würde, deshalb sollten die Gäste nicht vor 18.00 Uhr kommen. Tim schlägt vor, gleich den Partyraum festlich zu dekorieren. Welch ein Glück, dass der Vater von Tim und Susanne am Sonntagmorgen Zeit hat und die Kinder nach dem Frühstück heimbringen kann.

Susanne macht sich gleich daran, eine der 10 Einladungen zu schreiben. Natürlich bekommt Anna, die auch in der Kastanienstraße wohnt, die erste.

1 Lies den Text und unterstreiche alle Informationen, die in der Einladung für die Geburtstagsparty stehen müssen. Formuliere die benötigten Informationen als Fragen und Antworten.

Wann treffen wir uns? ______________________________

____

____

____

____

____

2 Schreibe die Einladung für die Geburtstagsparty. Gestalte sie dem Anlass entsprechend. Arbeite im Heft.

Christine Nöstlinger: Kleines Glückwunschgedicht

Der Schwester am Abend aufzusagen

Liebe Schwester,
ich gratuliere dir,
zu dem Brief, den du gestern bekommen,
den hab ich nämlich an mich genommen
und der Familie vorgelesen.
Ach, ist das eine Freude gewesen!
Du weißt doch, wie traurig die Alten oft sind.
Ach, diese Trauer verschwand gestern geschwind!
Dass es so was gibt:
dass dich einer liebt
und dass dich der „Hasimausi" nennt,
das war denen bisher ganz fremd.
Am liebsten haben sie den Satz gehört,
wo dieser Egon „ewige Treue" schwört.
Und wo er schreibt,
wie ihr zusammen in den Mond gesehn,
da kicherte Tante Marie besonders schön.
Dein Brief, gute Schwester, hat es vollbracht:
hat traurige Eltern und traurige Tanten
lachen gemacht.
Sei stolz auf dieses Egon-Schreiben,
umarme mich und lass das Weinen bleiben!

1 Bereite das Gedicht für den Vortrag vor. Notiere Pausen- und Betonungszeichen (Vorschläge Seite 18) sowie Adjektive, welche bezeichnen, wie du an dieser Stelle sprechen möchtest. Lies das Gedicht betont vor.

2 Wie könnte der Liebesbrief an die Schwester gelautet haben? Nimm das Gedicht als Grundlage und schreibe diesen Brief. Arbeite im Heft.

Loriot: Feierabend

Bürgerliches Wohnzimmer. Der Hausherr sitzt im Sessel, hat das Jackett ausgezogen, trägt Hausschuhe und döst vor sich hin. Hinter ihm ist die Tür zur Küche einen Spalt breit geöffnet. Dort geht die Hausfrau emsiger Hausarbeit nach. Ihre Absätze verursachen ein lebhaftes Geräusch auf dem Fliesenboden.

SIE Hermann …
ER Ja …
SIE Was machst du da?
ER Nichts …
SIE Nichts? Wieso nichts?
ER Ich mache nichts …
SIE Gar nichts?
ER Nein …
(Pause)
SIE Überhaupt nichts?
ER Nein … ich *sitze* hier …
SIE Du *sitzt* da?
ER Ja …
SIE Aber irgendwas *machst* du doch?
ER Nein …
(Pause)
SIE *Denkst* du irgendwas?
ER Nichts Besonderes …
SIE Es könnte ja nicht schaden, wenn du mal spazieren gingest …
ER Nein-nein …
SIE Ich bringe dir deinen Mantel …
ER Nein danke …
SIE Aber es ist zu kalt ohne Mantel …
ER Ich gehe ja nicht spazieren …
SIE Aber eben wolltest du doch noch …
ER Nein, *du* wolltest, daß ich spazieren gehe …
SIE Ich? *Mir* ist es doch völlig egal, ob *du spazieren gehst* …
ER Gut …
SIE Ich meine nur, es könnte dir nicht schaden, wenn du mal spazieren gehen würdest …
ER Nein, *schaden* könnte es nicht …
SIE Also, was willst du denn nun?
ER Ich möchte hier sitzen …
SIE Du kannst einen ja wahnsinnig machen!
ER Ach …
SIE Erst willst du spazieren gehen … dann wieder nicht … dann soll ich deinen Mantel holen … dann wieder nicht … was denn nun?
ER Ich möchte hier sitzen …
SIE Und jetzt möchtest du plötzlich da sitzen …
ER Gar nicht plötzlich … ich wollte immer nur hier sitzen … und mich entspannen …
SIE Wenn du dich wirklich *entspannen* wolltest, würdest du nicht dauernd auf mich *einreden* …
ER Ich sag ja nichts mehr …
(Pause)
SIE Jetzt hättest du doch mal Zeit, irgendetwas zu tun, was dir Spaß macht …
ER Ja …
SIE Liest du was?
ER Im Moment nicht …
SIE Dann lies doch mal was …
ER Nachher, nachher vielleicht …
SIE Hol dir doch die Illustrierten …
ER Ich möchte erst noch etwas hier sitzen …
SIE Soll *ich* sie dir holen?
ER Nein-nein, vielen Dank …
SIE Will der Herr sich auch noch bedienen lassen, was?
ER Nein, wirklich nicht …
SIE Ich renne den *ganzen* Tag hin und her … Du könntest doch wohl *einmal* aufstehen und dir die Illustrierten holen …
ER Ich möchte jetzt nicht lesen …
SIE Dann quengle doch nicht so rum …
ER *(schweigt)*
SIE Hermann!

ER *(schweigt)*
SIE Bist du taub?
ER Nein-nein …
SIE Du tust eben *nicht*, was dir Spaß macht … stattdessen *sitzt* du da!
ER Ich sitze hier, weil es mir Spaß macht …
SIE Sei doch nicht gleich so aggressiv!
ER Ich bin doch nicht aggressiv …
SIE Warum schreist du mich dann so an?
ER *(schreit)* … Ich schreie dich nicht an!!

1 Markiere den Dialog mit Pausen- und Betonungszeichen und lies ihn ausdrucksstark vor. Achte dabei besonders auf die Betonung der kursiv gedruckten Wörter.

2 Zum Streiten gehören immer zwei! Erkläre die Redensart mithilfe des Textes. Notiere Textstellen mit Zeilenangabe.

Edith Schreiber-Wicke: Gefährlicher Tausch (Anfang)

Es war einer von diesen Tagen, an denen alles, aber auch wirklich alles schief geht.

Gleich am Morgen fing es an.

„Benni hustet wieder“, sagte meine Mutter. „Kannst du schnell noch was aus der Apotheke holen, Jakob?“

Ich konnte nicht. Echt nicht. Ich musste noch die Mathe-Hausaufgaben machen.

„Warum hast du das nicht gestern Nachmittag erledigt?“, wollte meine Mutter wissen. Immer diese oberschlauen Fragen.

Ich hätte ja aufzählen können, was ich alles zu tun gehabt hatte. Aber kein Mensch kann gleichzeitig rechnen und sich verteidigen. Also sagte ich nichts.

In der Mathestunde stellte sich heraus, dass ich die falsche Aufgabe gerechnet hatte. Und die richtige leider nicht konnte. Ich geb ja zu, es war das zweite oder dritte Mal, dass irgendwas nicht stimmte mit meinen Hausaufgaben – aber mich deswegen gleich wie einen Serientäter zu behandeln … Na ja, jedenfalls sollte ich so einen Zettel unterschreiben lassen, der meine Eltern in die Sprechstunde zitierte.

In der Pause dann hörte ich, wie Laura ein paar aus meiner Klasse zu ihrem Geburtstagsfest einlud. Mich nicht.

Okay, okay, ich war in letzter Zeit vielleicht ein paar Mal nicht übermäßig freundlich zu ihr. Aber wer ist schon freundlich, wenn er nicht gut drauf ist? Und ich bin seit einiger Zeit nicht gar so gut drauf. Mich deshalb gleich nicht einzuladen, das fand ich echt fies.

Zu Hause gab es dann den erwarteten Zoff wegen der Unterschrift auf dem Zettel. Und eine mühsame Diskussion über die Wichtigkeit von Hausaufgaben. Dass Benni pausenlos hustete, machte die Sache nicht gerade besser. War ich jetzt vielleicht auch noch am Husten meines kleinen Bruders schuld?

Ich knallte die Tür hinter mir zu und ging drauflos, ohne zu überlegen wohin. Erst auf der Brücke über den Fluss fiel mir auf, dass ich ganz automatisch den täglichen Schulweg gegangen war. Ich blieb fröstelnd stehen und grübelte. Was wollte ich da eigentlich? Ich schaute mich um. Außer mir war niemand auf der schmalen eisernen Brücke. Kein Wunder, an so einem windigen, kalten Novembernachmittag. Ich lehnte mich über das Geländer und starrte hinunter auf die Wellen. Dicht über dem Wasser trieben Nebelreste wie ein paar verirrte Wolken.

Alles Mögliche ging mir durch den Kopf. Aber vor allem eines: Mein ganzes Leben wäre anders, einfacher, schöner, wenn ich auf der richtigen Seite des Flusses zur Welt gekommen wäre. Davon war ich absolut und total und hundertprozentig überzeugt.

Ich weiß nicht, wozu Flüsse überall sonst auf der Welt da sind – bei uns jedenfalls teilt dieses trübe Rinnsal die Stadt in zwei Teile. Auf der einen Seite stehen die Villen mit den Gärten. Je nach Geschmack des Besitzers ist es ein dekorativ wuchernder Garten oder einer mit sorgfältig gekämmten Rasenflächen. In manchen werden Rosen gezüchtet, in anderen wachsen Obstbäume. Auf jeden Fall aber ist es immer ein großer Garten mit einer hohen Mauer drum herum oder einem Zaun aus schmiedeeisernen Schnörkeln. Oder sonst was Geeignetem, um Unbefugte am Betreten dieser Prächtigkeit zu hindern.

Ich gehörte sozusagen von Geburt an zu den Unbefugten. Ich bin nämlich dort zur Welt gekommen, wo es weder Villen noch Gärten gibt. Auf der anderen Seite des Flusses. Dort stehen Werkhallen, Lagerhäuser, Bürogebäude der eher schäbigen Art. Von Grün keine Spur. Abgesehen vom Gänsescheißegrün mancher Wohnhäuser. Richtig: Wohnen kann man da auch. Was heißt: kann? Man muss, wenn man so wenig Geld hat wie meine Eltern. Die Wohnhäuser schauen alle irgendwie gleich aus. Besucher verirren sich da leicht. Zwischen Mülleimern, Teppichklopfstangen und tristen Hauseingängen. Darum muss man sie auch beschriften. Nicht die Besucher, die Hauseingänge. 1. Hof, 3. Stiege, steht zum Beispiel bei unserem Eingang. Es gibt sechs Höfe mit wasweißichwievielen Stiegen. Trostlos.

Solange ich mich zurückerinnern kann, drehten sich alle Gespräche in unserer Familie immer um Geld. Na ja, nicht alle, aber ziemlich viele. Das liegt zum Teil daran, dass Benni Asthma hat.

Angeblich sind jüngere Brüder immer Nervensägen, jedenfalls behaupten das alle anderen, die jüngere Brüder haben. Aber Benni ist total in Ordnung. Er ist happy, wenn ich mit ihm gemeinsam was unternehme, rührt niemals meine Sachen an und lässt mich in Ruhe, wenn mir danach ist. Bennis einziger Fehler ist sein Asthma, und dafür kann er natürlich nichts.

Benni soll unbedingt sooft wie möglich ans Meer, sagen die Ärzte. Italien, Spanien, Griechenland – ganz egal. Jede Menge Sonne und Seeluft braucht er. Leider sagen sie nicht dazu, woher wir das Geld dafür nehmen sollen.

Ein Drama ist auch, dass wir dauernd größer werden, Benni und ich.

Ich hab schon mal eine Zeit lang versucht, nicht zu wachsen. Aber es geht nicht. Also werden uns beiden pausenlos Winterstiefel, Turnschuhe, Jeans und Jacken zu klein. Benni könnte natürlich meine Sachen kriegen. Aber die hab ich meistens selber so ausgiebig strapaziert, dass sie keinen Zweiten mehr aushalten. Klarerweise hab ich nicht die mindeste Chance, genau die Jeansmarke oder die Sorte Turnschuhe zu kriegen, die gerade mega-in sind. Was mega-in ist, ist aus irgendeinem sonderbaren Grund auch immer megateuer.

In der Volksschule war das nicht weiter auffällig. Weil die Volksschule dort steht, wo es normal ist, kein Geld zu haben. Aber im Gymnasium ist das anders. Das steht nämlich drüben, auf der anderen Seite. Dort, wo ich eigentlich nicht hingehöre, zwischen den Villen mit ihren großen Gärten. Und die meisten in unserer Klasse haben Geld. Einer erbt später einmal eine Firma, die Schrauben herstellt. Ziemlich viele Schrauben müssen das sein. Er wohnt nämlich mit seinen Eltern in der prächtigsten Villa am Fluss, mit dem größten Garten und der höchsten Mauer drum herum.

Ich stand da auf der Brücke und dachte daran, was er alles hatte und ich nicht. Es gab eigentlich nur eines, worum ich ihn nicht beneidete, und das war sein Name. Er heißt Julius, weil alle Degenhart-Söhne immer Julius heißen. Grundsätzlich und ohne Ausnahme. Damit der Firmenname nicht geändert werden muss. Julius Degenhart & Sohn. Ich glaube, wenn er einen Bruder hätte, würde der auch Julius heißen. Vorsichtshalber, falls ihnen ein Julius abhandenkommt. Er hat aber keinen Bruder, soviel ich weiß. Keine Ahnung, wie sie die Mädchen in der Familie nennen. Wahrscheinlich auch Julius. Oder sie kriegen aus Prinzip keine Mädchen. Weil es doch Julius Degenhart & Sohn heißt.

Witzigerweise haben unsere Namen dieselben Anfangsbuchstaben.

Julius Degenhart und Jakob Denner. Zweimal JD – aber was für ein Unterschied!

Ich hätte mir nur zu gern selbst vorgemacht, dass dieser Julius ein Ekel wäre. Stinkreich, aber widerlich. Nur: Wozu sollte ich mich selber anlügen? Er war zu allem Reichtum auch noch nett. Alle mochten ihn. Alle. Manchmal wirkte er zwar ein wenig verschlafen, aber das nahm ihm keiner übel. Natürlich hatte ihn Laura zu ihrem Fest eingeladen. Julius wurde immer und überall eingeladen.

Kunststück, dachte ich, während ich da auf der Brücke stand und den Wellen nachschaute. Mit so viel Geld ist leicht nett sein. Gar nicht auszudenken, wie nett ich wäre! Mein Vater sortiert die Schrauben, die bei Julius Degenhart & Sohn hergestellt werden. Der Gedanke daran machte mich noch zorniger. Dass mein Vater sozusagen für Julius arbeitete. Wenn seinem Vater danach war, konnte er meinen Vater feuern. Das verbittert.

Mein Vater hasst Schrauben. Was vielleicht daran liegt, dass er eigentlich Maler ist. Nur malt er leider Bilder, die niemand kauft. Einmal war so ein Kunstschlauer bei uns zu Hause. Er hat sich die Bilder angeschaut. Jedes einzelne ganz genau. Und dabei sonderbare Gesichter geschnitten.

„Ja, mein Lieber, hervorragend, sehr talentiert“, hat er anschließend gönnerhaft gesagt. „Nur leider völlig unverkäuflich. Der Kunstmarkt ist nicht danach. Aber Ihre Zeit kommt bestimmt.“

„Ich hab aber keine Zeit, auf meine Zeit zu warten“, bemerkte mein Vater. „Mein Sohn hat *jetzt* Asthma. Können Sie nicht … vielleicht versuchsweise … in Ihrer Galerie …“

Ich hasste den unterwürfigen Ton, mit dem er das sagte. Aber ich wusste, warum er alles versuchte. Bennis Asthma war in letzter Zeit wieder schlimmer geworden. Und neue Wintersachen waren fällig. Sonst hätte mein Vater den überheblichen Kunstheini schlicht rausgeworfen.

Es brachte sowieso nichts. „Bei mir kauft man Namen, nicht Bilder“, war die Antwort. „Und Sie haben keinen Namen. So ist die Kunstszene nun einmal.“

Wenn man keinen berühmten Namen hatte, wurden also die Bilder nicht ausgestellt. Und wenn man keine Bilder ausstellte, konnte man sich keinen Namen machen. So einfach war das. Und so aussichtslos.

Ich merkte, dass ich die Eisenstange des Brückengeländers würgte. Mir war vom Wellenschauen schon ganz schwindlig. Und zornig war ich auch. Vom vielen Nachdenken. Wieder einmal fiel mir in aller Deutlichkeit auf, wie ungerecht die Welt war. Die einen erbten eine Schraubenfabrik, marschierten mit absolut ultimativen Turnschuhen durch die Gegend und wurden auch noch von Laura zu ihrem Geburtstag eingeladen.

Und ich?

Auf einmal spürte ich, dass ich nicht mehr allein auf der Brücke war. Ein paar Schritte neben mir lehnte eine Frau an dem Eisengeländer und schaute zu den Wellen hinunter. Ihr Gesicht verschwand völlig hinter einer dichten Mähne grauer Haare. Es war mir nicht angenehm, dass da noch jemand auf meine Wellen glotzte. Mir war kalt. Ich stopfte meinen Schal vorne in die Jacke und zerrte an den zu kurzen Ärmeln.

Die Frau starrte noch immer zum Wasser hinunter.

Eine Krähe landete auf dem Geländer der Brücke und beäugte mich interessiert.

Ich wollte gehen, aber ich hatte keine Ahnung, wohin. Jedenfalls nicht nach Hause. Noch nicht.

Vielleicht wäre alles, was nachher passierte, nicht passiert, wenn ich einfach losmarschiert wäre. Aber so stand ich da und überlegte.

„Es gibt immer alle Wirklichkeiten nebeneinander“, sagte die Frau und schaute mich an. Es war ein seltsames Gesicht. Fast ein Kindergesicht. Rund und mit roten Wangen. Viel zu jung jedenfalls für die grauen Haare. Und viel zu fröhlich für so einen trüben Novembertag. Ich weiß nicht, ob man mit den Augen lachen kann, aber so kam es mir vor. Sie schien sich über irgendetwas zu amüsieren. Ich wusste nur nicht, was es war. Ich konnte jedenfalls nichts Komisches entdecken.

„Die Wellen zeigen uns, wie's geht“, sagte sie. „Sie verändern sich ständig. Aber wir halten verbissen fest an unseren Vorstellungen. Anstatt die Wirklichkeit zu verändern, wenn sie uns nicht gefällt.“

„Was können wir schon ändern?“, fragte ich.

„Was möchtest du ändern?“, fragte sie zurück.

Ich weiß nicht mehr, wieso ich darauf überhaupt eine Antwort gab. Und schon gar nicht, warum ich in aller Ausführlichkeit erzählte, was ich alles ändern wollte. Letzten Endes lief alles darauf hinaus, dass wir zu wenig Geld hatten.

„Sogar das Futter für Monster ist ein Problem“, sagte ich zum Abschluss.

„Monster?“, wiederholte sie mit einem Fragezeichen dahinter.

„Unser Kater“, erklärte ich und erzählte ihr auch noch die Geschichte, wie er zu uns gekommen war.

Immer schon wollten wir eine Katze haben, Benni und ich. Aber meine Eltern waren dagegen. Aus drei Gründen: Katzenfutter kostet Geld. Katzenstreu kostet Geld. Der Tierarzt kostet Geld.

Eines Tages kam Benni vom Spielen nach Hause und sagte: „Vor unserer Tür sitzt ein Monster.“ Wie wir feststellten, war das Monster ein riesiger struppiger Kater mit einem zerfransten Ohr und einer hässlichen Narbe auf der Stirn. Er saß von da an jeden Tag vor unserer Tür. Diesmal hatte meine Mutter ein neues Argument. „Katzenhaare sind ganz schlecht für Bennis Asthma“, behauptete sie. Das hätte sie nicht tun sollen. Benni beharrte nämlich darauf, das Gegenteil beweisen zu dürfen. Und tatsächlich wurde sein Asthma ein bisschen besser, sobald der Kater in der Wohnung war. Und verschlechterte sich, wenn meine Mutter ihn vor die Tür setzte. Andere sind allergisch gegen Katzen. Aber Benni war sozusagen allergisch gegen keine Katze. Also durfte das Monster bleiben.

„Leider frisst er auch wie ein Monster“, sagte ich abschließend. „Meine Mutter behauptet, er frisst uns arm.“

Damit war ich wieder beim Thema Geld.

„Es ist einfach ungerecht“, sagte ich. „Einer wie Julius hat alles. Ich habe nichts.“

„Auch dieser Julius hat vermutlich Probleme“, sagte die Frau. „Wir müssen alle genau die Aufgaben lösen, die für uns vorgesehen sind.“

„Also die paar Probleme, die der vielleicht hat, die würd ich sofort übernehmen“, sagte ich.

„Du willst also mit ihm tauschen?“, fragte die Frau.

Ich fand die Frage ziemlich idiotisch. „Er wird dagegen sein“, sagte ich.

„Aber du würdest es wollen?“, fragte sie.

Ich zuckte mit den Schultern. „Ist doch sinnlos, über so was überhaupt nachzudenken.“

Sie blieb hartnäckig bei ihrer Frage. „Würdest du mit diesem Julius tauschen wollen?“

„Klar!“, sagte ich. „Sofort. Auf der Stelle. Jederzeit. Unter allen Umständen.“

! 1 Lies den Anfang dieses Buches, markiere alle Schlüsselwörter und unterstreiche die Nebeninformationen, die zur Erläuterung der Schlüsselwörter dienen. Teile den Text in Sinnabschnitte ein.

2 Erstelle einen Steckbrief zu Jakob. Erfasse darin auch Angaben zu seiner Familie und zu seiner Situation in der Schule.

JAKOB

3 Wie könnte die Geschichte weitergehen? Stelle dir zuerst Fragen zum Fortgang der Geschichte und notiere dann deine Vermutungen.

Wie könnte der Tausch aussehen?

Nimmt er die Rolle seines Klassenkameraden ein?

Edith Schreiber-Wicke: Gefährlicher Tausch (Schluss)

Ein Jahr ist es jetzt her, dass ich diese irre Geschichte aufgeschrieben habe.

Bis jetzt hat sie noch niemand gelesen.

Benni merkt, dass ich sie nicht herzeigen will. Also fragt er nicht danach. Benni ist wirklich der allerbeste Bruder, den man sich denken kann.

Und ich bin sowieso nicht mehr sicher, ob das alles wirklich passiert ist. Da ist nämlich null Erinnerung an diese Zeit als Julius.

Es gibt nur diese vielen eng beschriebenen Seiten. Und die sind kein Beweis. Die meisten Geschichten sind erfunden.

Ja, es stimmt. Es gibt da jetzt so einen Hilfsfonds bei Degenhart & Sohn. Benni wurde auf Kosten der Firma in ein Feriencamp ans Meer geschickt.

Hat ihm urgut gefallen. Das Asthma ist auch ein bisschen besser. Außerdem hat Julius irgendwann so nebenbei erzählt, dass sein Vater wieder solo ist. Nach größeren Familientroubles. Genaueres wollte er nicht sagen. So gut befreundet sind wir nicht.

Und auf dem Grundstück neben dem Tierheim in der Sonnenstraße stehen mittlerweile neue Gehege. Ich war dort und hab mir das angeschaut. Ein Stück Spielwiese für die Tiere gibt es auch.

Außerdem sind da immer noch die urcoolen Klamotten, die man mir damals mitgegeben hat. Benni hat sie mittlerweile an. Die im Krankenhaus wollten sie absolut nicht zurücknehmen. Aber eine simple Verwechslung ist immer noch wahrscheinlicher als meine Geschichte.

Manchmal stehe ich auf der bewussten Brücke, schau hinunter auf die Wellen und warte darauf, dass eine Krähe neben mir auf dem Geländer landet. Oder dass eine ganz bestimmte grauhaarige alte Frau auftaucht. Nach einer Weile komm ich mir dann meistens ziemlich blöd vor und geb das Warten auf.

Ich hab zwar noch immer das Gefühl, auf der falschen Seite des Flusses zu wohnen. Aber ich weiß auch: Das werde ich schon noch ändern. Irgendwann. Im Augenblick ist das nicht so wichtig. Anderes ist wesentlich wichtiger. Der Trommler in meinen Ohren hat nämlich mittlerweile eine Menge zu tun, weil ich Laura ziemlich oft sehe. Nicht nur in der Schule. Sie mag meinen uralten Bären total gern. Und war echt happy, dass ich ihn ihr geschenkt habe. Ob sie von Julius wirklich damals einen goldenen Bärenanhänger bekommen hat, weiß ich nicht. Jedenfalls hab ich sowas nie an ihr gesehen. So ein Geschenk käme ihr sowieso zu protzig vor. Mein Familienteddy dagegen sitzt auf ihrem Schreibtisch. Und wird bei jeder Gelegenheit heftig geknuddelt. Eigentlich ganz klar, dass ich meistens ziemlich gut drauf bin.

Und mit absolut niemandem auf der Welt tauschen möchte.

! 1 Welche Rückschlüsse kannst du aus dem Ende des Buches auf den Verlauf der Geschichte ziehen? Unterstreiche Angaben, die sich auf die vorausgegangene Handlung beziehen.

2 Welche Erkenntnis gewinnt Jakob am Ende seines „Tauschabenteuers"? Fasse den Ausgang der Geschichte kurz mit eigenen Worten zusammen.

Gina Ruck-Pauquèt: Um fünf an der Brücke

„Kommst du?", hatte sie gefragt. „Um fünf an der Brücke."

Das war gestern gewesen. Und jetzt ging er hin. Peter schaute auf seine Schuhe. Er hatte sie geputzt. Plötzlich kam ihm das albern vor. Er trat gegen einen Stein.

Er kannte sie schon ewig. Gitte mit den blonden Zöpfen, die immer halb offen waren. Sie konnte auf Bäume klettern wie ein Affe. Aber jetzt hatte sie keine Zöpfe mehr. Peter wollte eigentlich nicht hingehen. Aber dann wollte er doch wieder. Er verstand sich selbst nicht.

Am Eingang des Parkes wartete Johannes auf ihn. Johannes war immer da um diese Zeit. Peter konnte anders gehen. Er musste nicht am Park vorüber. Aber dann bog er doch nach rechts.

Es war früh warm geworden in diesem Jahr. Die Bäume schimmerten grün. Peter fühlte in seiner Hosentasche den Beschwörungsstein. Kindischer Kram! Fasste sich aber angenehm an, ganz glatt und rund.

Wenn Johannes nicht da wäre! Peter hoffte, dass Johannes nicht da sein würde. Aber er hockte auf dem Holzzaun wie immer. Baumelte mit den Beinen. Der dürfte seine Hosen mal bügeln! Nie zuvor war Peter das aufgefallen.

„He!"

Johannes sprang von Zaun.

Peter blieb stehen. Er blickte an Johannes vorbei, scharrte mit dem Absatz im Sand. Es fiel ihm ein, wie Sand sich anfühlt, wenn man ihn zwischen den Fingern durchrieseln lässt.

„Was ist denn los?"

„Was soll denn los sein?"

„Du bist so komisch. Gehn wir?"

„Wohin?"

„Weiß ich doch nicht."

Johannes wusste nie etwas. Die Ideen musste immer er haben. Peter ärgerte sich. Er schaute einem Hund zu, der ein Loch in die Wiese buddelte. Das war verboten. Sie hatten auch mal ein Loch gebuddelt. Als sie das Schriftstück eingegraben hatten. Für die Nachwelt. Das war natürlich schon lange her. Weiter rechts war es gewesen, unter einem Jasminstrauch. Peter spürte heftige Lust nachzusehen, ob es noch da war.

„Willst du hier anwachsen?"

„Ich kann heute nicht", sagte Peter. „Ich muss weg."

„Kann ich ja mitkommen."

„Ne", sagte Peter.

Johannes schaute ihn verdutzt an. Peter fand, dass er unglaublich dumm aussah in diesem Augenblick.

„Wohin musst du denn?"

„Weg", wiederholte Peter.

Ziemlich lange geschah überhaupt nichts. Nur, dass Johannes mit dem Daumennagel einen Holzspan vom Zaun kratzte. Dann bohrte er beide Hände in die ausgebeulten Jackentaschen.

„Warum gehst du denn nicht?“

„Ich geh' ja“, sagte Peter, und er starrte einem Jungen nach, der einen Ball vor sich hertrieb. Das hatten sie auch gemacht. Zu zweit. Sie hatten versucht, sich den Ball gegenseitig abzujagen.

„Ich geh'“, sagte er noch einmal.

„Tschüss!“, sagte Johannes.

Es war Peter, als müsse er sich von innen heraus anschieben. Jede Bewegung wird vom Gehirn gesteuert, fiel ihm ein. Und er dachte an ein Auto, bei dem innen etwas kaputt ist.

„Tschüss!“, hörte er.

Das hatte er selbst gesagt. Dann ging er. Er wusste, dass Johannes immer noch auf derselben Stelle stand. Er sah ihn stehen. Johannes hielt sich schlecht. Seine Mutter sagte ihm das hundertmal am Tag. Wahrscheinlich hielt er sich darum schlecht. Dabei war Johannes sportlich. Er hatte ihn beim Wettrennen glatt um zwei Längen geschlagen. Das war, als er beide Schuhe verlor. Wie sie gelacht hatten damals.

Die Kirchturmuhr zeigte jetzt zwei Minuten vor fünf. Peter fühlte sich schlecht. Er hatte das Empfinden, dass Johannes immer noch dastand. Vielleicht sogar für alle Zeit. Aber er drehte sich nicht um. Auch an der Ecke nicht, bevor er abbog.

Es musste jetzt fünf Uhr sein. Peter wurde plötzlich wütend. Er wollte, dass es irgendwo knallte. Ein Verkehrsunfall, dachte er. Nein – das durfte er nicht wünschen. Er ging langsamer. Er würde zu spät kommen.

Aber beim Juwelierladen zeigte die Uhr immer noch erst eine Minute vor fünf. An der Ecke verkaufte Bobrowski Zeitungen. Den hatten sie früher oft geärgert. Bloß, weil er anders sprach. Wie dumm sie gewesen waren.

Warum mir lauter Zeug einfällt, das vorbei ist, dachte Peter. Wieder geriet ihm in der Hosentasche der Stein zwischen die Finger. Er holte ihn hervor, blickte ihn einen Augenblick lang an und schleuderte ihn dann ärgerlich fort.

Als Peter an die Brücke kam, schlug die Uhr fünfmal. Nie war ihm ihr Klang so theatralisch erschienen. Gitte war natürlich nicht da. Er beugte sich über das Brückengeländer und beschloss, sofort wieder zu gehen. Unten glitt ein Paddelboot vorbei. Ein Mädchen und ein Junge saßen darin. Peter spuckte hinunter, traf aber nicht.

Einmal war hier einer runtergesprungen und ertrunken. Wahrscheinlich konnte er nicht schwimmen, dachte Peter. Wenn man schwimmen kann, kann man nicht so einfach ertrinken. Er konnte schwimmen. Gitte auch. Sie hatte einen Badeanzug mit Blümchen getragen. War die mager gewesen! Sie hatten sie untergetaucht, Johannes und er.

Wenn er jetzt ging, würde er Johannes vielleicht noch treffen. An derselben Stelle. Peter begann die Enten zu zählen.

„Hallo!“

Da stand sie neben ihm. Der Wind hatte ihr Haar zerzaust. Sie hatten oft so nebeneinandergestanden. Peter fiel plötzlich auf, dass ihre Hände einfach so herunterhingen. Sie steckte sie nicht in die Taschen. Gitte ist ein Mädchen, dachte er unsinnigerweise.

Und er sagte: „Hallo!“

„Gehn wir zum Ufer runter?“

„Ja“, sagte er.

Als sie die Böschung hinabkletterten, rutschte sie und verlor für einen Augenblick den Halt. Peter streckte ihr die Hand hin. Ihre Finger waren kühl und ein wenig feucht. Unten angekommen, ließ er sie los.

„Schau“, sagte sie und wies auf die kleinen, gelben Blumen.

Der Teufel mochte wissen, wie sie hießen. Sie blühten in jedem Frühjahr als erste.

„Ich hab’ ’ne Vier in Mathe“, sagte sie.

Peter schluckte. „Soll ich dir mal helfen?“, fragte er dann.

„Au ja?“, rief sie.

Sie lief ein Stück vor.

„Komm, wir bleiben hier und sehen zu, wie der Strom fließt!“

Wie der Strom fließt, dachte Peter. Mädchen sind seltsam.

Sie strich mit der Hand über den Rock und setzte sich auf einen Stein. Er hockte sich neben sie. Das Wasser floss schnell. Es war lehmig und voller Schmutz. Peter spürte die Wärme der Sonne auf seinem Rücken.

Gitte redete. Sie erzählte von ihrer Katze, die Pfötchen geben konnte. Peter hatte sich nie sonderlich für Katzen interessiert. Er sah Gittes Hand, die auf ihrem Knie lag. Eine Mädchenhand mit ganz sauberen Fingernägeln. Er hätte sie gerne noch einmal berührt.

„Ich hab’ mal ’nen Hund gehabt!“, sagte er.

Er wollte von Flock sprechen, aber dann fand er nur zwei, drei Sätze.

„Er ist tot“, erklärte er abschließend. Und plötzlich war er traurig.

„Es werden viele Hunde überfahren“, meinte Gitte.

Flock war nicht überfahren worden. Aber Peter schwieg. Das Wasser gluckste. Als ob jemand lacht, fiel es Peter ein.

„Ich muss gehen“, sagte Gitte. „Ich hab’ noch was zu erledigen für meine Mutter.“

Sie standen auf. Mit ein paar leichten Sätzen erklomm sie die Böschung. Die Sonne war fort.

„Gibt Regen“, meinte Gitte. „Kommst Du morgen wieder?“

„Mal sehen“, sagte Peter. „Um fünf?“

„Ja.“

„Tschüss!“, sagte Peter.

„Tschüss!“

Ihr Rock wippte, als sie davonlief. Er wandte sich ab und ging den Weg zurück, die Hände tief in den Hosentaschen. Bei Bobrowskis Bude fiel ihm der Stein ein. Der Beschwörungsstein. Er blieb stehen und suchte ihn. Aber er konnte ihn nicht mehr finden.

1 Unterstreiche mit verschiedenen Farben alle Informationen, die du zu den drei Personen im Text (Seite 69–71) findest. Fülle anschließend die Tabelle aus und ergänze jeweils die Zeilenangabe. Manchmal musst du Vermutungen anstellen.

PETER	JOHANNES	GITTE
geputzte Schuhe, Z. 3	*ungebügelte Hose, Z. 16*	

! 2 Bringe die Sätze in die richtige Reihenfolge und formuliere mithilfe dieser Sätze eine Zusammenfassung des Textes (Seite 69–71).

Peter sieht Johannes plötzlich mit anderen Augen, Negatives fällt ihm auf.

Peter muss Johannes loswerden.

Peter betrachtet Gitte.

Peter nimmt auf einmal Kleinigkeiten in seiner Umgebung wahr.

Peter trifft Gitte am Fluss.

Es kommt zu einer neuen Verabredung.

Peter hat eine Verabredung mit Gitte.

Peter ist unentschlossen.

Peter hofft, dass er seinem Freund Johannes auf dem Weg nicht begegnet.

Peter genießt Gittes Anwesenheit.

Hat Peter ein schlechtes Gewissen?

Hans Manz: Fernsehabend

„Vater, Mutter, hallo!“
„Pssst!“
„Ich bin …“
„Später!“
„Also ich wollte nur …“
„Ruhe!“
„Dann geh ich …“
„Momentchen. Gleich
haben sie den Mörder.
So, was wolltest du sagen,
mein Kind? –
Jetzt ist es wieder weg.
Nie kann man in Ruhe reden
mit ihm.“

1 Lies das Gedicht fehlerfrei und betont vor.

! 2 Welche Situationen werden in dem Gedicht und in dem Comic dargestellt? Entscheide dich für eine Möglichkeit. Schreibe das Gedicht so um, dass das Kind vor dem Fernseher sitzt und die Eltern mit ihm reden möchten. Oder zeichne den Comic so, dass das Kind vor dem Fernseher sitzt. Notiere in einer Sprechblase, was die Eltern sagen könnten. Arbeite im Heft.

Gina Ruck-Pauquèt: Mutter sagt immer Nein

Nie würde ihre Mutter das erlauben!

Franka trug die Schultasche über der Schulter. Der andere Riemen war schon wieder abgerissen. Nie würde ihre Mutter erlauben, dass sie die Radtour mitmachte. Nie. Aber Franka war nicht gewillt so leicht aufzugeben.

„Alle fahren mit“, würde sie sagen. „Alle meine Freundinnen. Die Jutta, die Mareile und die Christel auch.“ „Das ist mir ganz gleichgültig“, würde die Mutter sagen. „Du fährst trotzdem nicht!“ „Warum nicht?“, würde Franka fragen. „Weil es zu gefährlich ist“, würde die Mutter antworten.

„Aber wir sind doch keine kleinen Kinder mehr“, würde Franka ihr entgegenhalten. „Du sagst doch selber, dass man lernen muss, sich in der Welt zurechtzufinden.“ „Ja“, würde die Mutter sagen. „Aber langsam und vorsichtig. Nach und nach.“

„Warum dürfen denn die anderen?“, würde Franka wieder anfangen. „Das weiß ich nicht“, würde die Mutter sagen. „Und das ist mir auch ganz egal.“

An dieser Stelle spätestens würde Franka anfangen zu heulen. „Lass mich doch mit!“, würde sie betteln. Und die Mutter würde sagen „Nein!“ und „Basta!“.

Als Franka in ihren Gedanken so weit gekommen war, stand sie vor der Wohnungstür. Sie war so angespannt wie jemand, der losspringen will.

„Na“, sagte die Mutter. „Da bist du ja.“ Und jetzt fängt es an, dachte Franka. „Die anderen machen eine Radtour an den Steinsee“, sagte sie. „Darf ich mitfahren?“ „Ja“, sagte ihre Mutter.

1 Lies den Text fehlerfrei, betont und flüssig vor. Achte besonders auf die Betonung der wörtlichen Rede.

2 Überlege, warum Franka von einem „Nein“ ihrer Mutter ausgeht.

3 Unterstreiche im Text die Argumente, die sich Franka überlegt hat. An welcher Stelle würde Franka versuchen, ihre Mutter zu überreden? Welche Argumente fallen dir außerdem noch ein?

Iring Fetscher: Die Geiß und die sieben Wölflein (Ausschnitt)

Es war einmal eine glückliche und zufriedene Wolfsfamilie. Vater Wolf, Mutter Wolf und sieben kleine Wolfskinder, die als Siebenlinge zur Welt gekommen waren und noch nicht allein in den Wald gehen durften.

Eines Tages, als Vater Wolf schon auf Arbeit gegangen war, sagte Mutter Wolf zu ihren Kindern: „Kinder, ich muss heute zum Bettenhaus ‚Moos und Flechte' gehen, um für euch neue Betten zu kaufen, denn die alten sind ganz durchgelegen und nicht mehr bequem, von anderen Mängeln ganz zu schweigen. Seid schön brav und geht nicht aus der Höhle, während ich weg bin, man weiß nie, wer durch den Wald kommt: Jäger, Polizisten, Soldaten oder andere bewaffnete Leute, die es mit jungen Wölfen nicht gut meinen. Gegen Mittag werde ich wiederkommen und allen, die brav gewesen sind, etwas Schönes mitbringen."

„Ja, ja, natürlich, natürlich", antworteten die sieben kleinen Wölflein ungeduldig, denn sie wollten, dass die Mutter endlich gehen sollte, damit sie ungestört toben und Moosschlachten veranstalten konnten.

Sobald die Mutter Wolf gegangen war, begannen die kleinen Wölflein ausgelassen zu spielen. Als aber vielleicht eine Stunde vergangen war, scharrte es am Höhleneingang, und eine Stimme rief: „Kommt heraus, ihr lieben Kinderchen, eure Mama ist wieder da und hat jedem etwas Feines mitgebracht, kommt nur schnell, damit ihr es an der hellen Sonne auch gut sehen könnt."

Aber während sie dies sagte, klang die Stimme so scheppernd und meckernd, dass die Wölflein laut riefen: „Nein, wir kommen nicht heraus, du bist nicht unsere Mama, du bist die alte Meckerziege, unsere Mama hat eine tiefe, schöne Stimme!"

Da ärgerte sich die böse Geiß und überlegte, wie sie es anstellen sollte, dass ihre Stimme so tief und wohltönend würde wie die von Mama Wolf.

In ihrer Ratlosigkeit ging sie – wie das viele Tiere im Wald tun – zu einem alten Uhu, der überall als das weiseste Tier bekannt war. […] Der alte Uhu aber war ein so guter Lehrer und die Geiß wegen ihres Interesses an der Täuschung der Wolfskinder eine so aufmerksame Schülerin, dass sie in einer halben Stunde eine schöne, tiefe Bassstimme bekam, mit der sie in jedem Kirchenchor hätte auftreten können.

Nachdem sie den Uhu bezahlt hatte, ging sie zurück zu der Höhle der kleinen Wölfe. Abermals rief sie: „Kommt heraus, ihr lieben Kinderchen, eure Mama ist wieder da und hat jedem etwas Feines mitgebracht, kommt nur schnell, damit ihr es an der hellen Sonne auch gut sehen könnt." Und diesmal klang die Stimme so tief und schön, dass die kleinen Wölflein vollkommen getäuscht wurden und blinzelnden Auges hinausliefen in die strahlende Vormittagssonne. […]

Der Ausgang der Wolfshöhle war so klein, dass immer nur ein Wölflein auf einmal hinauskonnte, und da die anderen nachdrängten, konnten die vordersten auch nicht mehr zurück, als sie erkannt hatten, wer draußen stand. Nur das letzte und schwächste Wölflein, hinter dem niemand mehr drängte, konnte sich noch rechtzeitig in Sicherheit bringen, ehe die Geiß es gesehen hatte. [...]

Als Mama Wolf endlich, bepackt mit schönem, tiefen Betten-Moos nach Hause kam, rief sie ihre Kleinen, aber nur ein einziges Wölflein kam aus der Höhle und erzählte ihr, was vorgefallen war. Bald hörte sie auch von den Tannenzweigen über sich das sechsstimmige Weinen der kleinen Wölfe, die schon ganz schwach waren vom langen Festhalten und riefen: „Bitte, bitte, liebe Mama, hol uns herunter."

Aber natürlich konnte Mama Wolf auch nicht klettern, und genauso wenig Papa Wolf, der ohnehin nicht vor Abend zurückerwartet wurde.

Da ging Mama Wolf in die Nachbarhöhle, in der ein alter Kletterbär schlief, weckte ihn und bat um Hilfe. Der alte Kletterbär wurde mitten aus seinen schönsten Honigträumen gerissen, aber, da er ein gutmütiger und obendrein vegetarisch lebender Bursche war, machte er sich sofort auf und holte die sechs kleinen Wölfe im Nu vom Baume herunter.

War das eine Freude. Vor lauter Aufregung vergaß Mama Wolf sogar, mit ihren Kindern zu schimpfen.

Als aber am Abend Papa Wolf nach Hause kam und von dem Vorfall hörte, wurde er sehr zornig und sagte böse knurrend: „Na warte, der Geiß werde ich's heimzahlen!" Vergeblich versuchte Mama Wolf, ihn zu beruhigen. Am nächsten Morgen zog Papa Wolf zum Ziegenstall und zahlte es Mama Geiß mit gleicher Münze heim. Hier beginnt die Geschichte vom „Wolf und den sieben Geißlein", die ihr alle kennt.

1 Das Märchen „Der Wolf und die sieben Geißlein" wurde in diesem Text umgekehrt. Kennst du die Handlung des Originals? Wenn nicht, lies in einem Märchenbuch nach.

! 2 Markiere alle Schlüsselbegriffe, teile den Text in Sinnabschnitte und formuliere für die einzelnen Sinnabschnitte Zwischenüberschriften.

3 Die entscheidende Stelle im Text fehlt hier. Was macht die Geiß mit den jungen Wölflein? Schreibe den fehlenden Teil des verdrehten Märchens.

Heinz Erhardt: Der alte Wolf

Auch 'n Märchen

Der Wolf, verkalkt und schon fast blind,
traf eine junge Dame:
„Bist du nicht Rotkäppchen, mein Kind?"
Da sprach die Dame: „Herr, Sie sind – – –!*
Schneewittchen ist mein Name!"

„Schneewittchen? Ach, dann bist du die
mit diesen 7 Raben?"

Sie antwortete: „Lassen Sie
sich lieber gleich begraben!
Mit 7 Zwergen hatt ich mal
zu tun – das waren nette ...!"
„Ach ja! du durftest nicht zum Ball,
und Erbsen waren nicht dein Fall,
besonders nicht im Bette ...!"

Da lachte sie hell ha-ha-ha,
dann: „Darf ich Sie was fragen?
Sie fraßen doch die Großmama,
wie hab'n Sie die vertragen?"

„Das ist nicht wahr, dass ich sie fraß,
ich krümmte ihr kein Härchen!
Die Brüder Grimm, die schrieben das
für kleine Kinderchen zum Spaß –
das sind doch alles Märchen ...!"

*– – – wohl blöd?" wollte sie sagen.
Aber so etwas denkt eine Dame nur!

1 Lies das Gedicht fehlerfrei und ausdrucksstark vor. Achte vor allem auf die Betonung der wörtlichen Rede, sodass deutlich wird, wer an welchen Stellen spricht.

! 2 Notiere, welche verschiedenen Märchen sich in dem Gedicht verbergen. Kennst du von allen die Handlung? Wenn nicht, lies in einem Märchenbuch nach.

____

____

____

____

____

Christine Nöstlinger: Der Wolf und die sieben Geißlein – eine Richtigstellung

Die Geschichte vom Wolf und den sieben Geißlein ist wahrheitsgetreu überliefert. Bis auf den Schlusssatz. Da heißt es ... *und lebten zufrieden und glücklich bis an ihr Ende.* **Hier lügt das Märchenbuch!**

Für die, die sich an das Happyend des Märchens nicht mehr erinnern: ... Da holt das siebente Geißlein die Mutter, sie schneiden dem Wolf den Bauch auf, holen die sechs Geschwister heraus, tun Steine in den Bauch, nähen ihn wieder zu und verstecken sich. Und der Wolf wacht auf, hat Durst, geht zum Brunnen, beugt sich über den Brunnenrand und stürzt in den Brunnen hinein. Und ersäuft, weil er wegen dem steinschweren Bauch nicht schwimmen kann.

Kann sich irgendeiner, außer einem chronischen Schwachkopf, vorstellen, dass es mit den Geißenkindern gut weiterging? Doch kaum! Das siebente Geißlein, das Nichtgefressene, wurde in der ganzen Gegend bestaunt und bewundert und als Retter der Familie gepriesen. Das stieg ihm zu Kopfe! Alle paar Minuten bekamen seine Geschwister zu hören: „Wenn ich nicht gewesen wäre, gäb's euch überhaupt nicht mehr!“ Und dauernd meckerte es, dass die Geschwister dies nicht genug anerkannten. Das beste Bettchen beanspruchte es, und die besten Bissen auch. Belehren durfte man es schon gar nicht mehr. „Ich bin doch schlauer als ihr alle zusammen“, sagte es dann.

Schließlich bestellte es beim Grabsteinmetz noch eine große Marmortafel, mit Goldbuchstaben drauf. *Geburtshaus des berühmten siebenten Heldengeißleins* stand auf der Tafel. Das siebente Geißlein dübelte die Tafel an die Hausmauer. Da wurde es den Geschwistern zu bunt! Und das erste Geißlein sagte scheinheilig: „So ein Held wie unser kleiner Bruder müsste eigentlich längst in eine Fernseh-Show kommen!“

Das zweite Geißlein sagte: „Wieso ihn noch niemand ins TV geholt hat?“

Das dritte Geißlein sagte: „Weil die Fernsehleute nichts von ihm wissen! Die sind ja in der großen Stadt vor den sieben Bergen, hinter denen wir wohnen!“

Das vierte Geißlein sagte: „Und falls sie es gehört haben, glauben sie es nicht. Ist ja auch unglaublich. Die würden das nur glauben, wenn sie unseren kleinen Bruder sehen! Sein Heldentum sieht man ihm ja gleich an!“

Da machte sich das siebente Geißlein auf den Weg. Über die sieben Berge. Und ward nie mehr gesehen. Vielleicht irrt es heute noch zwischen dem vierten und dem dritten Berg herum. Oder einer hat es eingefangen und gebraten. Oder es ist auch etwas ganz, ganz anderes mit ihm passiert. Die sechs Geißlein jedenfalls lebten von da an mit ihrer Mutter zufrieden und glücklich bis an ihr Ende.

1 Lies den Text mehrmals laut vor. Achte besonders auf die Stellen mit wörtlicher Rede. Sprich die verschiedenen Geißlein mit verstellter Stimme. Jedes Geißlein sollte eine andere Stimme bekommen, damit klar wird, dass es sich um verschiedene handelt.

! 2 „Und das erste Geißlein sagte scheinheilig: ‚So ein Held wie unser kleiner Bruder müsste eigentlich längst in eine Fernseh-Show kommen!‘“ (Z. 19 f.)
- Wie verstehst du diesen Satz?
- Warum ist das, was das Geißlein sagt, scheinheilig?
- Notiere deine Meinung stichwortartig.

____

____

____

____

____

____

____

3 Erfinde zu der Geschichte einen neuen Schluss. Erzähle, was das siebte Geißlein auf seinem Weg alles erlebt. Arbeite im Heft.

Franz Hohler: Der Riese und die Erdbeerkonfitüre (Ausschnitt)

Ein Zwerg wurde einmal nach Amerika eingeladen. Sein Bruder war vor vielen Jahren dorthin ausgewandert und schickte ihm nun ein Flugticket, damit er ihn besuchen komme. Der Zwerg freute sich sehr, aber dummerweise fiel der Tag der Reise genau in die Zeit der Erdbeerernte. Das war deshalb dumm, weil der Zwerg jedes Jahr den Bauersleuten, in deren Nähe er wohnte, eine Nacht lang Erdbeerkonfitüre machte, die sie dann am Morgen als Überraschung auf dem Küchentisch vorfanden. Dafür legten sie ihm jeweils in der nächsten Nacht einige Päcklein Kaugummi vor die Türe.

Der Zwerg überlegte sich lange, was er tun sollte. Er wäre furchtbar gern nach Amerika geflogen, aber er wollte seine Bauersleute nicht im Stich lassen. Schließlich ging er zu einem Riesen, der im Nachbartal wohnte, und fragte ihn, ob er ihn nicht dieses Jahr beim Konfitüremachen vertreten könne. Er erzählte ihm auch vom Kaugummi, und als der Riese fragte, ob er dann wohl ein bisschen von der Konfitüre probieren dürfe, sagte der Zwerg, selbstverständlich, wenn es nicht zu viel ist, und da sagte der Riese zu.

Der Zwerg schilderte ihm genau, wo das Haus war und wo die Küche war und wo die Gläser und Pfannen und der Zucker und die Löffel in der Küche waren, und dass er auf ein Kilo Erdbeeren ein Kilo Zucker nehmen müsse, und ermahnte ihn, äußerst leise zu sein und am Schluss alles schön aufzuräumen, abzuwaschen und wieder an seinen Platz zu stellen, da das mit zur Überraschung gehörte. Der Riese versprach ihm, alles nach seinen Anweisungen zu tun, und der Zwerg flog erleichtert nach Amerika ab.

Als die Sommersonnwende gekommen war – das war nämlich die Nacht, die der Zwerg zum Erdbeerkonfitüremachen immer abwartete –, ging der Riese mit großen Schritten zum Bauernhaus, das ihm der Zwerg angegeben hatte. Er sah sogleich, dass der Kücheneingang zu klein war für ihn, hob die Tür aus den Angeln und schlug oben noch ein Stück aus der Mauer heraus, bevor er sich hineinzwängen konnte. Drinnen war alles so, wie ihm der Zwerg erzählt hatte, und der Riese begann sofort mit der Arbeit. Allerdings waren seine Hände zu grob, um die Stiele von den Erdbeeren abzunehmen, also warf er diese samt den Stielen in den Topf, den er auf den Herd gestellt hatte. Kaum hatte er die Herdplatte auf Stufe sechs gedreht, zersprang der Topf, und der Riese merkte, dass er ihn mit einer Pfanne verwechselt hatte. Als er die Erdbeeren, die nun auf dem Herd herumlagen, mit den Händen aufnehmen wollte, verbrannte er sich die Finger auf der heißen Platte und schrie laut auf. Dann kam ihm in den Sinn, dass er leise sein sollte, und um sich zu beruhigen, summte er ein bisschen vor sich hin. Das tönte wie ein ganzer Männerchor, und die Bauersleute, die schon beim ersten Rumpeln im Bett aufgefahren waren, erschraken nun noch mehr. Der Bauer wollte nachschauen gehen, aber die Frau hielt ihn zurück und sagte, der Zwerg habe wohl dieses Jahr ein paar Helfer mitgebracht, und wenn sie ihn bei seiner Arbeit überraschten, käme er nie mehr.

Inzwischen hatte der Riese alle Erdbeeren und auch ein paar Scherben des Topfes in die große Pfanne gekippt und dazu unablässig vor sich hingesummt, um seine Brandwunden zu vergessen. Die Pfanne stand nun auf der heißen Platte, und der Riese versuchte sich zu erinnern, wie viel Zucker er dazugeben musste. Er hatte aber keine Ahnung mehr, und so schüttete er einfach so viel dazu, bis die Pfanne voll war. Die Küchenuhr hatte er beim Hereinkommen mit dem Kopf heruntergeschlagen, und deshalb begann er, laut zu zählen. 20 Minuten sollte die Konfitüre kochen, hatte der Zwerg gesagt, und da der Riese wusste, dass eine Minute 100 Sekunden hat, nahm er sich vor, 20-mal bis 100 zu zählen und dann die Pfanne vom Herd zu nehmen. Er war noch nicht zum ersten Mal auf 100, als der Zucker aus der Pfanne überzulaufen begann, sosehr er auch mit dem Löffel rührte. Oh, dachte der Riese, oder sollten es nur 20 Sekunden gewesen sein? Er nahm einen Löffel voll in den Mund und biss auf eine heiße Scherbe, die er mit einem Schmerzensschrei ausspuckte.

Was er aber danach im Mund hatte, war so süß wie nichts, was er bisher im Mund gehabt hatte, und da ihm der Zwerg ja erlaubt hatte, gelegentlich etwas zu probieren, schlürfte er den erwärmten Zucker mit Erdbeergeschmack Löffel um Löffel herunter, rief ein übers andere Mal „Ah!“ und „Oh!“ und dazwischen manchmal „Auuu!“, wenn er wieder eine Topfscherbe erwischt hatte, und erst als er den Boden der Pfanne sah, dachte er wieder an seinen eigentlichen Auftrag und leerte rasch die paar Scherben, die zuunterst lagen, in eines der bereitstehenden Gläser, verschüttete die Hälfte des klebrigen Saftes auf den Tisch und stellte dann die leere Pfanne auf den Küchenboden. Da er das Papier nicht fand, mit dem er die Konfitüre hätte verschließen sollen, legte er den Pfannendeckel auf das Glas und schrieb auf einen leeren Zuckerpapiersack: „Ire Erdpeerkompfi. Vreue mich schohn auf ten Kaugummi. Ir Tzwerg.“ Das Schreiben hatte ihn so erschöpft, dass er sich einen Moment ausruhen musste, und tief aufatmend setzte er sich auf die heiße Herdplatte.

Mit einem markerschütternden Geheul fuhr er sogleich wieder auf, stieß mit dem Kopf durchs Dach der Küche, dass die Balken und Ziegel auseinanderbarsten, und machte sich mit langen Schritten davon in sein Tal, wo er seinen wunden Hintern in den Bach hielt, der vor seiner Höhle vorbeifloss.

Als sich die Bauersleute aus dem Schlafzimmer in die Küche wagten oder in das, was von der Küche noch übrig geblieben war, schüttelten sie immer wieder den Kopf. Die Frau sagte, das kann nicht unser Zwerg gewesen sein, und der Mann, der mit dem Taschenrechner den Schaden zusammenzählte, sagte, der braucht nicht mehr zu kommen.

1 Welche Fehler macht der Riese beim Kochen der Konfitüre? Zähle sie auf.

2 „... und der Mann, der mit dem Taschenrechner den Schaden zusammenzählte, sagte, der braucht nicht mehr zu kommen“ (Z. 69 f.) Wie findest du diese Aussage des Mannes? Begründe deine Meinung. Notiere alles stichwortartig.

3 Der Zwerg kehrt von seiner Reise zurück. Erfinde ein Gespräch zwischen Zwerg und Riese, bei dem der Riese die Vorkommnisse erzählt. Arbeite im Heft.

Jakob und Wilhelm Grimm: Jorinde und Joringel

Es war einmal ein altes Schloss mitten in einem großen, dichten Wald. Darinnen wohnte eine alte Frau ganz allein, die war eine Erzzauberin. Am Tage machte sie sich zur Katze oder zur Nachteule, des Abends aber sah sie wieder wie ein Mensch aus. Sie konnte das Wild und die Vögel herbeilocken, und dann schlachtete sie's, kochte und briet es. Wenn jemand auf hundert Schritte dem Schloss nahe kam, musste er stillestehen und konnte sich nicht von der Stelle bewegen, bis sie ihn lossprach. Wenn aber eine Jungfrau in diesen Kreis kam, so verwandelte sie diese in einen Vogel und sperrte sie dann in einen Korb ein und trug den Korb in eine Kammer des Schlosses. Sie hatte wohl siebentausend solcher Körbe mit diesen seltenen Vögeln im Schloss.

Nun war einmal eine Jungfrau, die hieß Jorinde. Sie war schöner als alle andern Mädchen. Diese und dann ein gar schöner Jüngling, namens Joringel, hatten sich zusammen versprochen. Sie waren in den Brauttagen, und sie hatten ihr größtes Vergnügen eins am andern. Damit sie nun einmal vertraut zusammen reden könnten, gingen sie in den Wald spazieren.

„Hüte dich", sagte Joringel, „dass du nicht zu nahe ans Schloss kommst!" Es war ein schöner Abend, die Sonne schien zwischen den Stämmen der Bäume hell ins dunkle Grün des Waldes, und die Turteltaube sang kläglich auf den alten Maibuchen.

Jorinde weinte zuweilen, setzte sich hin im Sonnenschein und klagte; Joringel klagte auch. Sie waren so bestürzt, als hätten sie sterben sollen; denn sie hatten sich verirrt und wussten nicht, wie sie nach Hause gehen sollten. Halb stand die Sonne noch über dem Berg, und halb war sie untergegangen. Joringel spähte durchs Gebüsch und sah die alte Mauer des Schlosses nahe vor sich; er erschrak, und ihm wurde todbang. Jorinde sang:

„Mein Vöglein mit dem Ringlein rot
singt Leide, Leide, Leide;
es singt dem Täublein seinen Tod,
singt Leide, Lei – zicküt, zicküt, zicküt."

Joringel sah nach Jorinde. Jorinde war in eine Nachtigall verwandelt, die sang: „Zicküt, zicküt." Eine Nachteule mit glühenden Augen flog dreimal um sie herum und schrie dreimal: „Schu, hu, hu, hu." Joringel konnte sich nicht bewegen; er stand da wie ein Stein, konnte nicht weinen, nicht reden, nicht Hand noch Fuß regen.

Nun war die Sonne untergegangen; die Eule flog in einen Strauch, und gleich darauf kam eine alte, krumme Frau aus diesem hervor, gelb und mager, mit großen, roten Augen und krummer Nase, die mit der Spitze ans Kinn reichte. Sie murmelte, fing die Nachtigall und trug sie auf der Hand fort.

Joringel konnte nichts sagen, auch nicht von der Stelle kommen; die Nachtigall war fort. Endlich kam das Weib wieder und sagte mit dumpfer Stimme: „Grüß dich, Zachiel. Wenn's Möndel ins Körbel scheint, bind los, Zachiel, zu guter Stund'!" Da wurde Joringel los. Er fiel vor dem Weib auf die Knie und bat, es möge ihm seine Jorinde wiedergeben; aber sie sagte, er sollte sie nie wiederhaben, und ging fort. Er rief, er weinte, er jammerte, aber alles umsonst.

Joringel ging fort und kam endlich in ein fremdes Dorf. Da hütete er lange Zeit die Schafe. Oft ging er rund um das Schloss herum, aber nicht zu nahe heran. Endlich träumte er einmal des Nachts, er fände eine blutrote Blume, in deren Mitte eine schöne, große Perle war. Die Blume brach er ab und ging damit zum Schloss; alles, was er mit der Blume berührte, ward von der Zauberei frei; auch träumte er, er hätte seine Jorinde dadurch wiederbekommen.

Des Morgens, als er aufwachte, fing er an, durch Berg und Tal zu suchen, ob er eine solche Blume fände; er suchte bis zum neunten Tag, da fand er die blutrote Blume am Morgen früh. In der Mitte war ein großer Tautropfen, so groß wie die schönste Perle. Diese Blume trug er Tag und Nacht bis zum Schloss.

Als er auf hundert Schritte ans Schloss herangekommen war, wurde er nicht festgebannt, sondern ging fort bis ans Tor. Joringel freute sich sehr, berührte die Pforte mit der Blume, und sie sprang auf. Er ging hinein, durch den Hof, horchte, wo er die vielen Vogelstimmen vernähme; endlich hörte er sie. Er ging und fand den Saal; darin war die Zauberin und fütterte die Vögel in den siebentausend Körben. Als sie den Joringel erblickte, wurde sie bös, sehr bös, schalt, spie Gift und Galle gegen ihn aus, aber sie konnte nicht näher als auf zwei Schritte an ihn herankommen. Er kehrte sich nicht an sie, ging und besah die Körbe mit den Vögeln. Da waren aber viele hundert Nachtigallen, wie sollte er nun seine Jorinde wiederfinden?

Während er so herumsah, merkte er, dass die Alte heimlich ein Körbchen mit einem Vogel wegnahm und damit nach der Tür lief. Flugs sprang er hinzu, berührte das Körbchen mit der Blume und auch das alte Weib. Nun konnte sie nicht mehr zaubern, und Jorinde stand da und hatte ihn um den Hals gefasst, so schön, wie sie ehemals war. Da machte er auch alle die anderen Vögel wieder zu Jungfrauen, und dann ging er mit seiner Jorinde nach Hause, und sie lebten lange vergnügt zusammen.

1 Lies gründlich den Text und rufe dir die Handlung bildlich ins Gedächtnis (stelle dir im Kopf die Handlung wie einen Film oder eine Bildergeschichte vor). Nimm dir dazu fünf Minuten Zeit.

2 Wähle die richtige Erklärung für die folgenden Textstellen aus und kreuze sie an.

„Diese und dann ein gar schöner Jüngling, namens Joringel, **hatten sich zusammen versprochen**." bedeutet hier …

- ☐ … sie hatten einander versprochen, gemeinsam spazieren zu gehen.
- ☐ … sie hatten zusammen mit anderen ein geheimes Versprechen.
- ☐ … sie wollten einander bald heiraten (Eheversprechen = Verlobung).
- ☐ … sie hatten sich versprochen, also aus Versehen etwas Falsches gesagt.

„Damit sie nun einmal vertraut zusammen reden könnten, gingen sie in den Wald spazieren." bedeutet hier …

- ☐ … dass sie das erste Mal zusammen reden wollten.
- ☐ … dass sie endlich einmal ungestört reden wollten.
- ☐ … dass sie einander vertrauten.
- ☐ … sie vertrauten darauf, dass es bei ihrem Spaziergang nicht regnen würde.

! 3 Vervollständige mithilfe des Textes folgende Sätze sinngemäß. Schreibe die vollständigen Sätze auf.

a) Die Alte besaß in ihrem Schloss im Wald ____________________.

____

b) Jorinde und Joringel gingen in den Wald, um dort ____________________.

____

c) Jorinde weinte und Joringel klagte, weil ____________________.

____

d) Beim Anblick des Schlosses war Joringel geschockt, da ____________________.

____

e) Als die Nachteule Joringel umkreiste, ______________________________.

______________________________.

f) Der Zauberspruch, mit dem die Alte Joringel wieder erlöste, lautete „______________________________.

______________________________.

g) Joringel machte sich auf die Suche nach ______________________________.

______________________________.

h) Er suchte diese Blume, weil er geträumt hatte, dass ______________________________.

______________________________.

i) Joringel konnte Jorinde zwischen all den anderen Vögeln erkennen, da er ______________________________.

______________________________.

j) Das alte Weib konnte keinen Schaden mehr anrichten, als ______________________________.

______________________________.

4 Weshalb macht sich Joringel nach Jorindes Verwandlung auf die Suche nach einer bestimmten Blume? Erkläre in vollständigen Sätzen.

______________________________.

______________________________.

______________________________.

______________________________.

5 Setze passende Pronomen in den Lückentext ein.

Joringel freute ________ sehr, dass ________ es geschafft hatte. ________ berührte die Pforte mit der Blume und ________ sprang auf. ________ ließ ________ ganz leicht öffnen. ________ Herz klopfte vor lauter Aufregung. Bald würde ________ Jorinde wieder in ________ Armen halten können. Er zwängte ________ durch den Spalt, ging durch den Hof und horchte, wo ________ die vielen Vogelstimmen vernähme. Endlich konnte ________ ________ hören. „________ liebste Jorinde ist ganz nah!“, dachte ________ bei ________.

Erich Bockemühl: Die Weiber von Weinsberg

T Jede Frau hatte ihren Mann auf den Rücken gepackt. Huckepack trugen sie so ihre Männer aus der Stadt hinaus. Die Männer waren ja doch das Kostbarste und Liebste, was sie hatten, und das durften sie nach den Worten des Kaisers mitnehmen. Die Ritter waren böse darüber, aber der Kaiser lachte weiter. „Gewiss war es so nicht gedacht, aber die Weiber waren wieder einmal klüger als wir Männer. Und an einem Kaiserwort darf nicht gedreht und gedeutelt werden!"

E Der Kaiser ließ die Frauen zu sich kommen, aber er blieb hart und wollte sich nicht erweichen lassen. Da sagte das junge Weib: „Herr Kaiser, wenn Ihr schon die Stadt verderben wollt, dann lasst doch wenigstens uns Frauen leben. Denkt an unsere Kinder! Und wir Weiber können Euch doch nichts Übles tun. Und wenn Ihr uns abziehen lasst, dann lasst uns wenigstens etwas für den weiten Weg und die Flucht mitnehmen, wenigstens das, was uns am liebsten und am kostbarsten ist."

L Weinsberg ist nur eine kleine Stadt dort in dem Lande, wo der Neckar fließt. Sie hatte früher feste Mauern und eine starke Burg. Aber der Kaiser Konrad hatte vor achthundert Jahren ein starkes Heer. Und als er einmal mit der Stadt in Streit geraten war, ließ er den Bürgern durch einen Herold sagen, dass er, wenn er in die Stadt hineinkäme, keinen Mann und Krieger mehr würde leben lassen.

E Er schenkte so den treuen Frauen und ihren Männern die Freiheit. Es wird erzählt, er habe sie alle wieder zurückgerufen und ein großes Fest veranstaltet. Sie durften nun alle in der Stadt bleiben und die Männer auch. Und bei dem Fest hätten der Kaiser selbst und die Ritter mit den Frauen getanzt. Die Burg, die schon seit langer Zeit Ruine ist, erhielt den Namen „Weibertreu".

S Am andern Morgen stand der Kaiser mit einigen seiner Ritter auf dem Hügel vor dem Stadttor. Als er den Befehl gegeben hatte, das große Tor zu öffnen, strömte der Zug der Weiber heraus. Aber was war denn das? Was trugen die Frauen denn da alle auf ihrem Rücken? Das sah ja wirklich zum Lachen aus! Und der Kaiser lachte.

I Da entstand ein großes Wehklagen in der Stadt. Das Korn und Brot und alles, was zu essen aufgespeichert worden war, war aufgezehrt, und was blieb den Leuten, wenn sie nicht verhungern wollten, anders übrig, als die Stadt zu übergeben? Aber wenn sie das taten, mussten alle Männer sterben. Da war eine junge Frau, die sagte: „Wir Frauen bitten den Kaiser um eine Gnade. Und wenn er uns zu sich kommen lässt, dann lasst mich nur machen!"

B Darauf willigte der Kaiser schließlich ein. „Nun ja", sagte er, „dann sei euch das gewährt. Morgen früh wird das Tor geöffnet, und ihr zieht mit euren Kindern ab, und was euch am kostbarsten ist und was ihr auf dem Rücken tragen könnt, das könnt ihr mitnehmen."

SIE NAHMEN DAS ______________________________ MIT, WAS SIE HATTEN.

! 1 Bringe die Abschnitte in die richtige Reihenfolge und ermittle das Lösungswort. Unterstreiche farbig die Wörter, welche dir dabei geholfen haben.

2 Markiere in den einzelnen Abschnitten die Schlüsselwörter und fasse kurz die Sinnabschnitte zusammen. Notiere für jeden Sinnabschnitt einen zusammenfassenden Stichpunkt.

____

____

____

Lorelei (Ausschnitt)

✻ **starren:** ragen

✻ **strählt:** kämmt

Wo das Stromtal des Rheins unterhalb von Caub am engsten sich zusammendrängt, starren hoch und schroff zu beiden Seiten echoreiche Felswände von Schiefergestein schwarz und unheimlich hoch empor. Schneller schießt dort die Stromflut, lauter brausen die Wogen, prallen ab am Fels und bilden schäumende Wirbel. Nicht geheuer ist es in dieser Schlucht, über diesen Stromschnellen; die schöne Nixe des Rheins, die gefährliche Lorelei, ist in den Felsen gebannt, doch erscheint sie oft den Schiffern, strählt mit goldenem Kamme ihr langes flachsenes Haar und singt dazu ein süß betörendes Lied; mancher, der davon sich locken ließ, der den Fels erklimmen wollte, fand seinen Tod in den Wellenwirbeln. Rheinab und -auf ist keine Sage so in aller Munde als die von der Lorelei, aber sie gleicht dem Echo der Uferfelsen, das sich mannigfach rollend bricht und wiederholt.

Wer sie sieht, wer ihr Lied hört, dem wird das Herz aus dem Busen gezogen. Hoch oben auf ihres Felsen höchster Spitze steht sie, im weißen Kleide, mit fliegendem Schleier, mit wehendem Haar, mit winkenden Armen. Keiner aber kommt ihr nahe, wenn auch einer den Felsgipfel erstiege, sie weicht vor ihm – sie schwebt zurück, sie lockt ihn durch ihre zaubervolle Schönheit – bis an des Abgrunds jähen Rand, er sieht nur sie, er glaubt sie vor sich auf festem Boden, schreitet vor und stürzt zerschmetternd in die Tiefe.

Heinrich Heine: Die Lorelei

1
Ich weiß nicht, was soll es bedeuten,
Dass ich so traurig bin;
Ein Märchen aus alten Zeiten,
Das kommt mir nicht aus dem Sinn.

2
Die Luft ist kühl und es dunkelt,
Und ruhig fließt der Rhein;
Der Gipfel des Berges funkelt
Im Abendsonnenschein.

3
Ich glaube, die Wellen verschlingen
Am Ende Schiffer und Kahn;
Und das hat mit ihrem Singen
Die Lorelei getan.

4
Den Schiffer im kleinen Schiffe
Ergreift es mit wildem Weh;
Er schaut nicht in die Felsenriffe,
Er schaut nur hinauf in die Höh.

5
Die schönste Jungfrau sitzet
Dort oben wunderbar,
Ihr goldnes Geschmeide blitzet,
Sie kämmt ihr goldenes Haar.

6
Sie kämmt es mit goldenem Kamme,
Und singt ein Lied dabei:
Das hat eine wundersame,
Gewaltige Melodei.

1 Suche aus der Sage Textstellen heraus, die dir etwas über das Aussehen und das Tun der Lorelei verraten. Schreibe Stichwörter mit der entsprechenden Zeilenangabe auf.

! 2 Bringe die Strophen des Gedichts in die richtige Reihenfolge. Was erfährst du in dem Gedicht über die Lorelei? Schreibe die entsprechenden Verszeilen ab.

Erich Kästner: Wie Eulenspiegel die Kranken heilte

Es stimmt schon. Wer als Kind ein rechtes Radieschen war, wird als Erwachsener immer schlimmer. Noch dazu, wenn der Vater zu früh wegstirbt. So war es auch mit Till Eulenspiegel. Er trieb es von Jahr zu Jahr toller.

Er wechselte die Berufe öfter als das Hemd. Und da er nirgends lange bleiben konnte, weil man ihn sonst verkehrt aufgehängt oder wenigstens halbtot geschlagen hätte, kannte er, kaum dass er zwanzig Jahre alt war, Deutschland wie seine Westentasche.

So kam er auch nach Nürnberg. Und hier trieb er's ganz besonders bunt. Er klebte an die Kirchentüren und ans Rathausportal Plakate, auf denen er sich als Wunderdoktor ausgab.

Es dauerte auch gar nicht lange, da kam der Verwalter vom Krankenhaus zum Heiligen Geist anspaziert und sagte: „Sehr geehrter Herr Doktor! In unserem Spital liegen so viele Kranke, dass ich mir nicht mehr zu helfen weiß. Alle Betten sind belegt, und das Geld reicht vorn und hinten nicht. Können Sie mir keinen Rat geben?"

Eulenspiegel kratzte sich hinterm Ohr und antwortete: „Doch, doch, lieber Mann. Aber guter Rat ist teuer."

„Wie viel?", fragte der Verwalter.

Und Eulenspiegel sagte: „Zweihundert Gulden."

Zunächst blieb dem guten Mann die Luft weg. Und dann erkundigte er sich, was der Herr Doktor Eulenspiegel dafür leisten wolle.

„Dafür mache ich in einem einzigen Tag alle Kranken gesund, die im Hospital liegen! Wenn mir's nicht gelingen sollte, will ich keinen Pfennig haben."

„Ausgezeichnet!", rief der Mann, nahm Eulenspiegel auf der Stelle mit ins Krankenhaus und sagte den Kranken, der neue Doktor wolle sie alle heilen. Sie müssten sich nur genau nach seinen Vorschriften richten.

Dann ging er ins Verwaltungsbüro und ließ Till mit den Kranken allein. Eulenspiegel ging langsam von Bett zu Bett und unterhielt sich mit den Leuten. Er sprach sehr leise und geheimnisvoll mit jedem von ihnen. Und einem jeden sagte er das gleiche.

„Ich will euch allen helfen", sagte er, „dir, mein Freund, und den anderen auch. Und ich weiß ein fabelhaftes Rezept dafür. Ich muss einen von euch zu Pulver verbrennen. Dieses Pulver müsst ihr dann einnehmen. Ich habe mir auch schon überlegt, wen von euch ich zu Pulver verbrennen werde: den Kränksten im Saal. Das wird das Beste sein, meinst du nicht auch? Na also." Dann beugte er sich noch tiefer und fuhr noch leiser fort: „In einer halben Stunde hole ich den Verwalter herauf. Der wird die Gesunden unter euch fortschicken. Es wird also gut sein, wenn du dich ein bisschen beeilst, mein Lieber. Denn den Letzten verbrenne ich leider zu Pulver. Die Sache will's!" So ging er zu jedem und erzählte jedem das Gleiche.

Dann holte er endlich den Verwalter nach oben. Und der Verwalter rief mit lauter Stimme: „Wer sich gesund fühlt, ist entlassen!"

In drei Minuten war der Saal leer! Alle rannten oder humpelten, so schnell sie nur irgend konnten, aus dem Krankenhaus hinaus. Solche Angst hatten sie! Es waren welche dabei, die seit zehn Jahren hier gelegen hatten. Der Hospitalverwalter war sprachlos. Er raste ins Büro und brachte Eulenspiegel zweihundertzwanzig (220) Gulden. Die streckte er ihm hin und sagte: „Zwanzig Gulden gebe ich Ihnen extra. Sie sind der beste Arzt der Welt."

„Stimmt", sagte Eulenspiegel. Damit meinte er den Geldbetrag. Er steckte ihn in die Tasche, empfahl sich und machte, dass er Nürnberg in den Rücken bekam.

Schon am nächsten Tag kehrten alle Kranken ins Hospital zum Heiligen Geist zurück und legten sich wieder in ihre Betten.

Der Verwalter war außer sich. „Um alles in der Welt", rief er, „ich denke, er hat euch gesund gemacht?"

Da erzählten sie ihm, warum sie gestern davongelaufen waren, und dass sich keiner habe zu Pulver verbrennen lassen wollen.

„Ich bin ein Esel", sagte der Verwalter. „Der Lump hat mich betrogen, und ich habe ihm sogar noch zwanzig Gulden mehr gegeben, als er verlangt hat!"

1 Entscheide, welche Aussage auf Till Eulenspiegel zutrifft. Kreuze an.

- ☐ Till setzt sich für die Gemeinschaft ein und versucht das Beste für alle zu erreichen.
- ☐ Till ist sehr clever, nutzt dabei Notsituationen und die Gutgläubigkeit seiner Mitmenschen aus.
- ☐ Till ist ein Tollpatsch, der viele Situationen durch sein ungeschicktes Verhalten vermasselt.

! 2 Überlege, wie viele Bilder man benötigt, um den ganzen Text als Bildergeschichte verständlich darzustellen. Male die Bilder und gib jedem eine Überschrift. Arbeite im Heft.

Max Kruse: Wie Münchhausen auf der Kanonenkugel ritt

Vom Reiten erzählte der Baron von Münchhausen oft noch ein zweites Stückchen. Es war freilich ein ganz anderer Ritt als auf dem Pferderücken. Sogar er kam dabei fast von Sinnen. Das geschah so:

Münchhausen befand sich mit seinen Leuten wieder in den Türkenkriegen vor einer befestigten Stadt, und er wollte zu gern auskundschaften, wie es hinter den feindlichen Mauern aussah. Wie viele Soldaten befanden sich in der Garnison? Über wie viele Geschütze und Musketen verfügten die Türken?

Nun – seine Kanoniere feuerten zwar hinüber, was die Rohre hergaben. Aber es wäre eben doch besser gewesen, wenn sie gewusst hätten, wohin genau sie zielen sollten.

Noch ganz in Gedanken, wie dies zu bewerkstelligen sei, fasste Münchhausen einen genauso plötzlichen wie waghalsigen Entschluss.

Er stand gerade neben einem Kanonenrohr. Als sich der nächste Schuss löste, schwang er sich kühn auf die Kugel und ritt auf ihr der feindlichen Stadt entgegen. Aber wie es so geht mit plötzlichen Entschlüssen: wie er noch flog, packten ihn Zweifel. Könnte er denn aus der Festung jemals wieder herauskommen?

Schließlich wollte er seinen Leuten sein erworbenes Wissen auch mitteilen. Zum anderen wollte er aber auch – das gab er offen zu – seine Haut retten. Dass man ihn bei den Türken nicht mit Pauken und Trompeten (also mit Freude und einem Festmahl) empfangen würde, das war ihm klar. Im Gegenteil, er sah sich bereits am Galgen hängen oder vor den Musketen eines Hinrichtungskommandos stehen. Er begriff, dass sein Tod noch dazu ganz unnütz war, und verfluchte seinen Vorwitz. Wie aber umkehren?

Er blickte ja schon auf die Dächer, auf die Kuppeln und Türme der türkischen Stadt hinab. Doch zu seinem Glück sah er es in diesem Augenblick schräg unter sich am Mauerrand aufblitzen: Ihm fauchte eine feindliche Kanonenkugel entgegen.

„Die schickt mir der Himmel!", dachte er. Er hechtete kurzentschlossen hinüber, ehe sie an ihm vorbeigezischt war. So ritt er durch die Luft denselben Weg wieder zurück, zu den Seinigen. Dort kam er freilich unverrichteter Dinge wieder an.

Doch seine Leute begrüßten ihn freudig. Sie sagten: „Eure Tapferkeit ist uns mehr wert als jede Kenntnis der feindlichen Stellungen."

Münchhausen und seine Leute konnten übrigens die Stadt auch so einnehmen. *365 Wörter*

1 Lies den Text zügig und stoppe die Zeit. Kontrolliere deine Leseleistung mithilfe der Übersicht auf Seite 21.

! 2 Überlege, was du gern über den Lügenbaron erfahren würdest. Denke dir ein Interview aus, in welchem du den Lügenbaron zu dem Ereignis und zu seiner Person befragst, und schreibe es auf. Arbeite im Heft.

Astrid Lindgren: Mio, mein Mio (Anfang)

Hat jemand im vorigen Jahr am fünfzehnten Oktober Radio gehört? Hat jemand gehört, dass man nach einem verschwundenen Jungen forschte? So etwa sagten sie:

„Die Polizei in Stockholm sucht den neunjährigen Bo Vilhelm Olsson, der seit vorgestern Abend 18 Uhr aus der Wohnung Upplandsgatan 13 verschwunden ist. Bo Vilhelm Olsson hat helles Haar und blaue Augen und war mit kurzen Hosen, einem grauen Pullover und einer kleinen roten Mütze bekleidet. Mitteilungen über den Verschwundenen nimmt jede Polizeidienststelle entgegen."

Ja, so sagten sie. Aber es kamen niemals irgendwelche Mitteilungen über Bo Vilhelm Olsson. Er war fort. Niemand erfuhr jemals, wo er geblieben ist. Keiner weiß es. Außer mir. Denn ich – ich bin Bo Vilhelm Olsson.

Ich wünschte nur, dass ich zumindest Benka alles erzählen könnte. Mit Benka habe ich immer gespielt. Benka wohnt auch in der Upplandsgatan. Eigentlich heißt er Bengt, aber alle nennen ihn Benka. Und zu mir sagt natürlich niemand Bo Vilhelm. Sie sagen einfach Bosse.

Ich meine, sie sagten Bosse. Jetzt, da ich verschwunden bin, können sie gar nichts mehr sagen. Nur Tante Edla und Onkel Sixten sagten Bo Vilhelm zu mir. Ja, eigentlich sagte Onkel Sixten gar nichts. Er sprach fast nie mit mir.

Ich war Pflegekind bei Tante Edla und Onkel Sixten. Ich kam zu ihnen, als ich ein Jahr alt war. Vorher wohnte ich in einem Kinderheim. Von dort hat mich Tante Edla geholt. Sie wollte zwar lieber ein Mädchen haben, aber es war keines da. Deshalb nahm sie mich. Dabei mögen Onkel Sixten und Tante Edla Jungen nicht leiden. Schon gar nicht, wenn sie acht, neun Jahre alt werden. Sie fanden, ich brächte zu viel Unruhe ins Haus und ich trüge zu viel Schmutz hinein, wenn ich draußen im Tegnérpark gespielt hatte, ich schmisse meine Kleider umher und ich redete und lachte zu laut. Tante Edla sagte immer, der Tag, an dem ich ins Haus gekommen bin, sei ein Unglückstag gewesen. Onkel Sixten sagte nichts. Doch, manchmal sagte er: „Du da, scher dich weg, damit ich dich nicht zu sehen brauche."

Meistens war ich bei Benka. Sein Vater sprach immer viel mit ihm, und er half ihm Modellflugzeuge bauen und machte Striche an der Küchentür, um zu sehen, wie Benka größer wurde,

und all so etwas. Benka durfte lachen und sprechen und seine Kleider herumliegen lassen, so viel er wollte. Sein Vater hatte ihn trotzdem lieb. Und alle Jungen durften zu Benka nach Hause kommen und spielen. Zu mir durfte keiner kommen. Tante Edla sagte: „Hier wird nicht geschrien und getobt." Und so dachte auch Onkel Sixten. „Der eine Lümmel, den wir haben, reicht uns", sagte er.

Wenn ich in meinem Bett lag, wünschte ich mir manchmal, Benkas Vater wäre auch mein Vater. Und dann grübelte ich, wer wohl mein richtiger Vater sein mochte und warum ich nicht bei ihm und bei meiner richtigen Mutter sein durfte, sondern zuerst in einem Kinderheim und danach bei Tante Edla und Onkel Sixten sein musste. Tante Edla hatte mir gesagt, meine Mutter sei gestorben, als ich geboren wurde. Wer mein Vater sei, das wisse niemand. Aber man könnte sich ja leicht ausrechnen, was das für ein Lump sei. Ich hasste Tante Edla, weil sie so von meinem Vater sprach. Vielleicht stimmte es, dass meine Mutter starb, als ich geboren wurde. Aber mein Vater war kein Lump, das wusste ich. Und manchmal lag ich da und weinte nach ihm.

Ein Mensch war gut zu mir, das war Tante Lundin im Obstgeschäft. Hin und wieder schenkte sie mir Leckereien und Obst.

Jetzt, hinterher, grüble ich, wer Tante Lundin eigentlich ist. Denn es war ja bei ihr, wo es anfing, damals im vorigen Jahr an dem Tag im Oktober.

An diesem Tag hatte Tante Edla schon ein paar Mal zu mir gesagt, es sei ein Unglück, dass ich ins Haus gekommen sei. Abends dann, kurz vor sechs Uhr, sagte sie zu mir, ich solle zur Bäckerei in der Drottninggatan laufen und ihr eine Tüte Zwieback holen, den sie so besonders gern mochte. Ich setzte meine rote Mütze auf und ging.

Als ich am Obstladen vorbeikam, stand Tante Lundin in der Tür. Sie fasste mich beim Kinn und sah mich lange, lange ganz seltsam an. Endlich sagte sie: „Willst du einen Apfel haben?" „Ja, bitte", sagte ich. Und sie gab mir einen schönen roten Apfel, der wunderbar aussah. Dann sagte sie: „Willst du eine Karte für mich in den Briefkasten werfen?" „Ja, gern", sagte ich. Da schrieb sie einige Zeilen auf eine Karte und gab sie mir. „Leb wohl, Bo Vilhelm Olsson", sagte Tante Lundin. „Leb wohl, leb wohl, Bo Vilhelm Olsson." Es klang so merkwürdig. Sonst sagte sie doch immer nur Bosse.

Ich rannte zum Briefkasten einige Straßen weiter. Gerade als ich die Karte in den Schlitz werfen wollte, sah ich, dass es um sie her leuchtete und strahlte wie von Feuer. Ja, die Buchstaben, die Tante Lundin geschrieben hatte, leuchteten wie Flammenschrift. Ich konnte es nicht lassen, ich musste sie lesen. Und das stand auf der Karte:

> An den
> KÖNIG
> LAND DER FERNE
>
> Er ist auf dem Weg, er, den du so lange
> gesucht hast. Er reist durch Tag und Nacht,
> und er hält in seiner Hand das Zeichen,
> den goldenen Apfel.

Ich begriff kein Wort. Aber mich überlief ein eigenartiges Frösteln. Ich beeilte mich, die Karte in den Briefkasten zu werfen. Wer war es, der durch Tag und Nacht reiste? Und wer trug in seiner Hand einen goldenen Apfel?

Da fiel mein Blick auf den Apfel, den ich von Tante Lundin bekommen hatte. Der Apfel war aus Gold. Er war aus Gold, sage ich. Ich hielt in meiner Hand einen goldenen Apfel.

Beinahe hätte ich geweint. Ich tat es nicht, aber beinahe. Ich fühlte mich so einsam. Ich ging in den Tegnérpark und setzte mich auf eine Bank. Kein Mensch war in der Nähe. Alle waren nach Hause gegangen, um zu essen. Im Park war es dämmerig und es regnete ein wenig. Aber in den Häusern ringsum war es hell. Ich konnte sehen, dass auch aus Benkas Fenster Licht schien. Nun saß er dort und aß Erbsen und Eierkuchen, zusammen mit seinem Vater und seiner Mutter. Ich stellte mir vor, dass überall dort, überall, wo Licht war, Kinder mit ihren Vätern und Müttern beisammen waren. Nur ich, ich saß hier draußen im Dunkeln. Allein. Allein mit einem goldenen Apfel, von dem ich nicht wusste, was ich damit anfangen sollte.

Vorsichtig legte ich den Apfel neben mich auf die Bank, während ich weiter nachdachte. Eine Laterne stand hinter mir. Ihr Schein fiel auf mich und auf den Apfel.

1 Lies die Geschichte von Bosse. Beschreibe in Stichpunkten möglichst genau, wer Bosse ist und wie sein bisheriges Leben verlief.

2 Überlege, ob du dich an eine Situation erinnerst, in der du dich auch sehr einsam gefühlt hast.

3 Wie könnte die Geschichte weitergehen? Schreibe kurz deine Ideen auf.
Welchen Rat würdest du Bosse geben?

Angela Sommer-Bodenburg: Das Kind unter dem Umhang (Ausschnitt)

„Ich bin nur krank und langweile mich. Und deshalb sollst du mir eine Gruselgeschichte erzählen!“ „Eine Gruselgeschichte?“ Seine Oma machte ein belustigtes Gesicht. „Ich wusste gar nicht, dass du dich dafür interessierst. Gruselgeschichten sind doch etwas ganz Altmodisches.“ „Das ist ja gerade so schön daran!“ „Also gut … Dann erzähle ich dir eine Gruselgeschichte!“

Es war an einem Montag. Kurz vor Ladenschluss merkte ich, dass ich für mein Abendessen noch Brot und Aufschnitt brauchte. Schnell zog ich eine Jacke an und ging los. Draußen war es kälter und windiger, als ich erwartet hatte. Aber ich wollte nicht noch einmal umkehren. Ich schlug den Kragen hoch und ging eilig weiter. An der Ecke wäre ich fast mit einem Kind zusammengestoßen, das dort auf den Gehwegplatten hüpfte.

Ärgerlich machte ich einen Schritt zur Seite. „Pass doch auf!“, sagte ich. Das Kind blickte mich mit einem seltsamen Lächeln an. Sein Gesicht sah aschfahl aus und es hatte dunkle Schatten unter den Augen.

Etwas war an dem Kind, das mich erschreckte – aber was es war, konnte ich mir nicht erklären. Mehr als sein Gesicht war auch nicht zu erkennen, denn es trug einen schmutzigen gelben Umhang, dessen viel zu große Kapuze es sich über den Kopf gezogen hatte. Jetzt begann es wieder zu hüpfen, und da sah ich plötzlich, dass es barfuß war – an einem Oktobertag!

„Hast du keine Schuhe?“, fragte ich erschrocken. Das Kind gab keine Antwort. Es lächelte nur. Ich dachte, dass es die Schuhe vielleicht unter dem Umhang versteckt hatte und mich so zum Narren halten wollte.

„Hast du nun Schuhe, ja oder nein?“, rief ich. Es schüttelte den Kopf. „Aber es ist zu kalt, um barfuß zu gehen!“ Wieder lächelte es. „Hörst du?“, sagte ich. „Es ist zu kalt. Du wirst dich erkälten. Du wirst Fieber bekommen. Du kannst dir den Tod holen!“

„Dann machen Sie sich Sorgen um mich?“, fragte das Kind und sah mich aufmerksam an, als wäre meine Antwort von großer Wichtigkeit. „Wenn du barfuß bist, muss ich mir wohl Sorgen um dich machen“, entgegnete ich. „Sie machen sich Sorgen – um mich!“, sagte es freudig, fast andächtig.

Ein Schauer lief mir über den Rücken. Hastig sagte ich: „Ich muss jetzt gehen. Gleich schließen die Geschäfte.“ „Sie wollen gehen? Jetzt? Nach all dem?“, erwiderte das Kind. In der Art, wie es das sagte, lag etwas Forderndes, sodass ich erstaunt fragte: „Wie meinst du das?“ Ruhig antwortete es: „Sie haben gesagt, dass Sie sich Sorgen um mich machen. Das bedeutet, dass Sie mich nicht im Stich lassen werden.“

Ich versuchte zu lachen. „Ich kann dich überhaupt nicht im Stich lassen, weil ich dich gar nicht kenne.“ „Aber jetzt kennen wir uns!“, erwiderte das Kind. „Und deshalb sollst du mich mit zu dir nach Hause nehmen.“

Seine Dreistigkeit verschlug mir für einen Augenblick die Sprache. Dann rief ich: „Dich mitnehmen? Geh zu dir nach Hause, zu deinen Eltern!“ „Ich habe keine Eltern“, antwortete es. Seine dunklen Augen blickten mich verlangend an. „Bitte, nimm mich mit.“ „Du bist wohl von allen guten Geistern verlassen“, sagte ich verärgert und wandte mich zum Gehen. Da fasste das Kind meinen Arm. „Lass mich mitgehen!“, flehte es. „Nein!“, sagte ich unwillig und stieß es von mir. Dann ging ich mit raschen Schritten, und ohne mich noch einmal umzudrehen, weiter.

Erst als ich den Brotladen erreicht hatte, blickte ich zurück – und sah das Kind dort, wo ich es verlassen hatte, auf dem Gehsteig liegen. Jetzt tat es mir leid, dass ich es weggestoßen hatte, und mit einem Schuldgefühl lief ich zu ihm.

Wie eine verwelkte gelbe Blume lag es vor mir, ganz umhüllt von seinem Umhang. Besorgt fragte ich: „Bist du verletzt?“ Es antwortete nicht. „Steh doch auf!“, sagte ich. Noch immer antwortete es nicht. „Wenn du willst, kannst du einen Kakao bei mir trinken“, lockte ich es. Aber es schwieg.

„Soll ich dir Beine machen?“, fragte ich es scherzhaft. Als es auch dann nichts sagte, hob ich den Umhang an – und erstarrte: Er war leer!

Da kam eine Frau aus dem gegenüberliegenden Geschäft. „Sind Sie eine Verwandte?“, fragte sie. Ich verstand ihre Frage nicht. „Verwandte – von wem?“ „Von dem Kind, das hier vor einer Stunde überfahren wurde. Dies ist sein Umhang. Sie wollen ihn sicher mitnehmen.“

Ich war zu verwirrt, um etwas zu entgegnen. Wie betäubt raffte ich den Umhang zusammen, der sich wie ein Kinderkörper an mich schmiegte, und lief nach Hause.

„Hast du den Umhang noch?“, fragte Florian. „Nein. Den habe ich gewaschen und in die Kleidersammlung gegeben.“ „Stimmt es, dass das Kind überfahren wurde?“ „Ich war nicht dabei …“ „Ich will es aber wissen!“, sagte Florian. „Bei einer Gruselgeschichte darfst du nicht nach dem Wie und Warum fragen“, antwortete die Oma, „sonst verliert sie ihren Zauber.“

1 Lies den Text genau. Notiere deine Vermutungen, wer das Kind ist und wie es in diese Situation geriet.

! 2 Gliedere den Text in Handlungsschritte. W-Fragen (z. B. Wer? Wo? Wann? Was? Warum?) helfen dir dabei. Fasse in Stichworten die wichtigsten Informationen des Textes zusammen.

! 3 Der Text enthält eine Rahmenhandlung. Kennzeichne sie.

4 Welche Textstelle macht diese Geschichte zu einer Gruselgeschichte? Markiere sie.

TEXTSORTENVERZEICHNIS

Balladen, Erzählgedichte, Gedichte

Brief

Erzählungen

Fabel

Jugendbuchausschnitte

Klappentexte

Lügengeschichte

Märchen

Sachtexte

Sagen

Schelmengeschichte

Sketch

AUTORENVERZEICHNIS

LÖSUNGEN

Seite 21, Aufgabe 2

Rosita Blissenbach: Die Rache
Nödel war sauer. Irgendeiner, wohl ein Elefant, machte gegen sein Haus. Das war doch allerhand! Jeden Tag. Die Wand war nass. Das war doch kein Spaß! Nödel lag in der Nacht auf der Lauer schon seit Stunden hinter einer Mauer, den Tatort gut im Blick. Doch kein Elefant weit und breit, Nödel war es langsam leid. Nur eine kleine Maus kam daher, blieb stehn und … und?! Sie tat's! Sie war's! Sie tut's noch immer, ein Bach, ein Meer, es wird immer schlimmer. He! rief Nödel, was soll das sein! Och, grinste die Maus, ich mach nur mal klein und schon war sie weg. Doch Nödel verfolgte die Spur der Maus und machte einen dicken Kloß direkt vor ihr Haus. He! schrie die Maus, was soll das bloß! Och, lachte Nödel, ich mach nur mal groß. Seither ist nichts mehr geschehn, Nödel hat die Maus nie mehr gesehn.

Seite 24, Aufgabe 1

Lesestrategien helfen dir beim Lesen.

Seite 25, Aufgabe 2

Igel, Eichhörnchen

Seite 26, Aufgabe 3

5, 7; 1, 4; 2, 9

Seite 27, Aufgabe 1

Dr. med. Elisabeth Jods, Freiherr-vom-Stein-Weg 3

Seite 27, Aufgabe 2

Elke, Löwe, Socke, schwitzen, Wüste, düster

Seite 32, Aufgabe 1

Indien

Seite 35, Aufgabe 1

a) genaues Lesen
b) überfliegendes und suchendes Lesen
c) unterhaltendes Lesen
d) suchendes und genaues Lesen
e) überfliegendes Lesen

Seite 35, Aufgabe 2

schnell Überblick über Text verschaffen
zügig lesen ohne sich an einzelnen Wörtern oder Textabschnitten festzubeißen
Bedeutung von Wörtern oder Sätzen später klären
beim Überfliegen achten auf: Überschrift, Hervorhebung bestimmter Begriffe, Zwischenüberschriften, Textlänge

Seite 36, Aufgabe 3

6x Milch, Nudeln, Honig, Erdbeermarmelade, 6 Eier, 2 Päckchen Vanillezucker, 250 g Quark, 1 Stück Butter, Schnittkäse, Camembert, Brot, Süßigkeiten

Seite 36, Aufgabe 4

Aufbau und Gliederung des Textes klären
Hilfsmittel prüfen (z. B. Inhaltsverzeichnis, Schlagwortverzeichnis)
Suchwörter, Abkürzungen, Symbole, Zahlen, nach denen gesucht werden sollen, festlegen

Seite 37, Aufgabe 5

Kajak

Seite 37, Aufgabe 6

Abhängig von Schülerbeiträgen, z. B. genauere Ausführungen über das hohe Wissen, das die Seefahrer besitzen mussten; z. B. Informationen, wie damals die Wassertiefe gemessen wurde.

Seite 39, Aufgabe 7

Wikingerzeitalter: 793–1066
Ägypten: 5000–332 vor Christus (Kultur des alten Ägypten)
bei Griechen: 1100–31 vor Christus (Zeitalter des klassischen Griechenlands)
bei Phöniziern: 2000–64/63 vor Christus
Marco Polo: ca. 1254 geboren, 1324 gestorben

Seite 39 f., Aufgabe 8–11

Abhängig von Schülerbeiträgen, z. B. reiches Wissen nötig, Kenntnisse wie Staatsgeheimnisse gehütet, Wassertiefe, Lot, Entfernungen geschätzt, Seekarten seit Ende 15. Jahrhundert
Bsp. für Sinnabschnitte: Z. 1–4 (Wissen der Seefahrer), Z. 5–8 (Bedeutung dieses Wissens), Z. 9–13 (Hüten dieses Wissens), Z. 14–20 (Messung der Wassertiefe), Z. 21–30 (Beschreibungen von Seerouten), Z. 31–39 (exaktere Seekarten)

Seite 45, Aufgabe 1

Bombard

Seite 48, Aufgabe 2

Spinne, Müdigkeit, er liegt im Schlafsack, schlafen, will erkunden, welches Zeitgefühl ein Mensch im Dunkeln und ohne Uhr hat, er hat andere Schlaf- und Wachzeiten als „normal" üblich

Seite 52, Aufgabe 3

b, d

Seite 81, Aufgabe 2

… sie wollten einander bald heiraten (Eheversprechen = Verlobung).
… dass sie endlich einmal ungestört reden wollten.

Seite 81, Aufgabe 3

Die Alte besaß in ihrem Schloss im Wald ungefähr siebentausend Körb mit Vögeln, die in Wirklichkeit verwandelte Jungfrauen waren. Jorinde und Joringel gingen in den Wald, um dort ungestört miteinander zu reden. Jorinde weinte und Joringel klagte, weil sie sich im Wald verirrt hatten und den Weg nach Hause nicht mehr fanden. Beim Anblick des Schlosses war Joringel geschockt, da Jorinde sang und sich in eine Nachtigall verwandelt hatte. Als die Nachteule Joringel umkreiste, konnte er sich nicht bewegen und stand da wie ein Stein. Der Zauberspruc mit dem die Alte Joringel wieder erlöste, lautete „Grüß dich, Zachiel. Wenn's Möndel ins Körbel scheint, bind los, Zachiel, zu guter Stund'!" Joringel machte sich auf die Suche nach einer blutroten Blume, in deren Mitte eine schöne, große Perle ist. Er suchte diese Blume, weil er geträumt hatte, dass alles, was er mit dieser Blume berührte, von der Zauberei befreit wurde. Joringel konnte Jorinde zwischen all den anderen Vögeln erkennen, da er sah, wie die Alte heimlich ein Körbch mit einer Nachtigall wegnahm und damit zur Tür lief. Das alte Weib konnte keinen Schaden mehr anrichten, als Joringel auch sie mit der Blume berührte.

Seite 82, Aufgabe 5

Joringel freute sich sehr, dass er es geschafft hatte. Er berührte die Pforte mit der Blume und sie sprang auf. Sie ließ sich ganz leicht öffnen. Sein Herz klopfte vor lauter Aufregung. Bald würde er Jorinde wieder in seinen Armen halten können. Er zwängte sich durch den Spalt, ging durch den Hof und horchte, wo er die vielen Vogelstimmen vernähme. Endlich konnte er sie hören. „Meine liebste Jorinde ist ganz nah!“, dachte er bei sich.

Seite 83, Aufgabe 1

Sie nahmen das Liebste mit, was sie hatten.

Seite 85, Aufgabe 2

Heinrich Heine: Die Lorelei
Ich weiß nicht, was soll es bedeuten,
Dass ich so traurig bin;
Ein Märchen aus alten Zeiten,
Das kommt mir nicht aus dem Sinn.

Die Luft ist kühl und es dunkelt,
Und ruhig fließt der Rhein;
Der Gipfel des Berges funkelt
Im Abendsonnenschein.

Die schönste Jungfrau sitzet
Dort oben wunderbar,
Ihr goldnes Geschmeide blitzet,
Sie kämmt ihr goldenes Haar.

Sie kämmt es mit goldenem Kamme,
Und singt ein Lied dabei:
Das hat eine wundersame,
Gewaltige Melodei.

Den Schiffer im kleinen Schiffe
Ergreift es mit wildem Weh;
Er schaut nicht in die Felsenriffe,
Er schaut nur hinauf in die Höh.

Ich glaube, die Wellen verschlingen
Am Ende Schiffer und Kahn;
Und das hat mit ihren Singen
Die Lorelei getan.

Seite 86, Aufgabe 1

Till ist sehr clever, nutzt dabei Notsituationen und die Gutgläubigkeit seiner Mitmenschen aus.

TEXTQUELLEN

S. 6: Roald Dahl: Matilda. Übersetzt von Sybil Schönfeldt. Rowohlt Taschenbuch Verlag, Reinbek bei Hamburg, S. 12–22;
S. 9: Inge Meyer-Dietrich: Traumbuch; aus: Hans-Joachim Gelberg (Hrsg.): Großer Ozean, Gedichte für alle. Beltz Verlag, Weinheim und Basel 2000, S. 50;
S. 9: Anja Engel: Es geschieht …; aus: Anja Engel/Thomas Wiedenhorn: deutsch.werk Leseheft 2. Ernst Klett Verlag, Leipzig 2004, S. 7;
S. 10: Annika Thor: Ich hätte Nein sagen können. Übersetzt von Angelika Kutsch. Beltz & Gelberg. Weinheim und Basel, Berlin 1998 und 2000, S. 2;
S. 14: Bertolt Brecht: Märchen; aus: Prosa, Band I. Suhrkamp Verlag, Frankfurt a. M. 1965, S. 12;
S. 15. Hans Erich Nossack: Der König geht ins Kino. Insel Verlag, Frankfurt a. M. 1982, S. 8 f.;
S. 16: Marc Görgen: Salz; aus: Geolino vom 11.11.2003, Gruner + Jahr, Hamburg, S. 29–31;
S. 17: Janosch: Lari fari linker; aus: Hans-Joachim Gelberg (Hrsg.): Überall und neben dir, Gedichte für Kinder in sieben Abteilungen. Beltz Verlag, Weinheim und Basel 1986, S. 51;
S. 17: Hans Manz: Zahlreiche Fragen; aus: Hans Manz: Die Welt der Wörter. Sprachbuch für Kinder und Neugierige, 4. Aufl. Beltz Verlag, Weinheim/Basel 1996, S. 149;
S. 18: Robert Gernhardt: Indianergedicht; aus: Robert Gernhardt: Gedichte 1954–1997. Haffmanns Verlag, Zürich 1999, S. 166;
S. 18: Erwin Grosche: Der freche Weckdienst; aus: Erwin Grosche: Der Badewannenkapitän. dtv, München 2002, S. 81;
S. 19: Die Heuschrecken und der Elefant; aus: Der hundertknotige Bambus. Übersetzt von Otto Karow. Verlag Philipp Reclam jun., Leipzig 1975, S. 30 f.;
S. 21: Rosita Blissenbach: Die Rache; aus: Hans-Joachim Gelberg (Hrsg.): Großer Ozean, Gedichte für alle. Beltz Verlag, Weinheim/Basel 2000, S. 30;
S. 22: Ursula Wölfel: Die Geschichte vom Papagei; aus: Ursula Wölfel: Achtundzwanzig Lachgeschichten. Lizenzausgabe des Deutschen Bücherbundes, Stuttgart/Hamburg/München, mit Genehmigung des Hoch-Verlages Düsseldorf 1988, S. 38;
S. 22: Monika Seck-Agthe: Das freche Schwein; aus: Hans-Joachim Gelberg (Hrsg.): Augenaufmachen, Siebtes Jahrbuch der Kinderliteratur. Beltz Verlag, Weinheim/Basel 1984, S. 17;
S. 25: James Krüss: Das Arche-Noah-Abc; aus: Hans-Joachim Gelberg (Hrsg.): Geh und spiel mit dem Riesen. Beltz Verlag, Weinheim/Basel 1971, S. 12 f.;
S. 30: Voltigieren; aus: Andrea Titzmann: Voltigieren – unser Sport. Cadmos Verlag, Brunsbeck 2002, S. 9 f.;
S. 33: Sylvia Englert: Unsere tägliche Soap gib uns heute; aus: Sylvia Englert: Medienmacher, Nachrichten, Soaps und Online Magazine. Ellermann Verlag, Hamburg 2002, S. 71–73;
S. 37 ff.: Bernhard Schön: Wild und verwegen übers Meer, Kinder spielen Seefahrer und Piraten. Ökotopia Verlag, Münster 1997, S. 41–43;
S. 42: Bedingungen des Überlebens auf dem Meer; aus: Entdecker – Forscher – Abenteurer. Übersetzt von Gudrun Weithaler und Anne-Dominique de Valon. Lingen Verlag, Köln 1983, S. 160–164;
S. 44: Freiwilliger Schiffbrüchiger an Bord; aus: Entdecker – Forscher – Abenteurer. Übersetzt von Gudrun Weithaler und Anne-Dominique de Valon. Lingen Verlag, Köln 1983, S. 160–164;
S. 45: Aufreibende Nächte auf See; aus: Entdecker – Forscher – Abenteurer Übersetzt von Gudrun Weithaler und Anne-Dominique de Valon. Lingen Verlag, Köln 1983, S. 160–164;
S. 46: Michel Siffre – ein Reisender außerhalb der Zeit; aus: Entdecker – Forscher – Abenteurer. Übersetzt von Gudrun Weithaler und Anne-Dominique de Valon. Lingen Verlag, Köln 1983, S. 262–267;
S. 48: Die Zeit hat von nun an keine Bedeutung mehr; aus: Entdecker – Forscher – Abenteurer. Übersetzt von Gudrun Weithaler und Anne-Dominique de Valon. Lingen Verlag, Köln 1983, S. 290–293;
S. 49: Thomas Wiedenhorn: Kolumbus' große Entdeckung; aus: Anja Engel/Thomas Wiedenhorn: deutsch.werk Leseheft 1. Ernst Klett Verlag, Leipzig 2004, S. 31 f.;
S. 51: Richard Platt: Portugiesische Entdecker; aus: Richard Platt: Große Entdecker – die bedeutendsten Expeditionen aller Zeiten. Übersetzt v. Klaus Karwat. Dorling Kindersley Verlag, München 2002, S. 32 f.;

Textquellen:

S. 53 f.: Das Leben der Seeleute an Bord; aus: Edmund Morris: Auf den Spuren der Entdecker, Abenteurer, Forscher, Pioniere. Übersetzt von Monika und Dieter Curths. Verlag das Beste, Stuttgart 1980, S. 85;
S. 56 ff.: Peter Härtling: Alter John. Gulliver Taschenbuch. Beltz Verlag, Weinheim/Basel 1981, S. 7 f., 85–88;
S. 59: Christine Nöstlinger: Mundhalten; aus: Hans-Joachim Gelberg (Hrsg.): Ein und alles, Ein Jahrbuch, 2. Aufl., Beltz Verlag, Weinheim/Basel 1993, S. 50;
S. 60: Christine Nöstlinger: Liebe große Schwester; aus: Hans-Joachim Gelberg (Hrsg.): Ein und alles, Ein Jahrbuch, 2. Aufl., Beltz Verlag, Weinheim/Basel 1993, S. 130;
S. 61 f.: Die Geburtstagsparty; aus: Anja Engel: deutsch.werk Leseheft 1. Ernst Klett Verlag, Leipzig 2004, S. 22;
S. 61: Christine Nöstlinger: Kleines Glückwunschgedicht; aus: Hans-Joachim Gelberg (Hrsg.): Ein und alles, Ein Jahrbuch, 2. Aufl., Beltz Verlag, Weinheim/Basel 1993, S. 47;
S. 62 f.: Loriot: Feierabend, aus. Loriots dramatische Werke. © 1981 Diogenes Verlag AG Zürich, S. 120 ff.;
S. 63 ff.: Edith Schreiber-Wicke: Gefährlicher Tausch. Thienemann Verlag, Stuttgart 2003, S. 5–13, 171 f.;
S. 69 ff.: Gina Ruck-Pauquèt: Um fünf an der Brücke; aus: Gina Ruck-Pauquèt: Eine Badewanne voll Geschichten. Annette Betz Verlag, München 1974, S. 60–63;
S. 73: Hans Manz: Fernsehabend; aus: Hans Manz: Die Welt der Wörter, Sprachbuch für Kinder und Neugierige, 4. Aufl., Beltz Verlag, Weinheim und Basel, 1996, S. 303;
S. 73: Gina Ruck-Pauquèt: Mutter sagt immer Nein; aus: Heinz-Jürgen Kliewer, Ursula Kliewer (Hrsg.): Der Zauberkasten, Reclam Verlag, Stuttgart 1992, S. 57 f.;
S. 74 f.: Iring Fetscher: Die Geiß und die sieben Wölflein; aus: Iring Fetscher: Wer hat Dornröschen wachgeküsst? Das Märchen-Verwirrbuch, erweiterte Aufl., Claasen Verlag, Hamburg/Düsseldorf 1974, S. 28–31;
S. 76: Heinz Erhardt: Der alte Wolf; aus: Das große Heinz-Erhardt-Buch. Fackelträger-Verlag, 47. Aufl., Oldenbourg 1999, S. 100 f.;
S. 76 f.: Christine Nöstlinger: Der Wolf und die sieben Geißlein – eine Richtigstellung; aus: Hans-Joachim Gelberg (Hrsg.): Ein und alles, Ein Jahrbuch, 2. Aufl., Beltz Verlag, Weinheim/Basel 1993, S. 364;
S. 78 f.: Franz Hohler: Der Riese und die Erdbeerkonfitüre; aus: Hans-Joachim Gelberg (Hrsg.): Daumesdick. Neuer Märchenschatz mit vielen Bildern. Beltz Verlag, Weinheim/Basel 1990, S. 54–59;
S. 80 f.: Jakob und Wilhelm Grimm: Jorinde und Joringel; aus: Kinder- und Hausmärchen, gesammelt von den Brüdern Grimm, 17. Aufl. Deutscher Bücherbund, Stuttgart/Hamburg o. J., S. 163–172;
S. 83: Erich Bockemühl: Die Weiber von Weinsberg; aus: Deutsche Sagen, nach den Brüdern Grimm und anderen, in Anlehnung an Fritz Lichtenberger, neu erzählt von Erich Bockemühl, Reihe A, Heft 4, Carl Marhold Verlagsbuchhandlung, Berlin-Charlottenburg o. J., S. 32–34;
S. 84: Lorelei; aus: Deutsche Volkssagen, zusammengestellt von Bodo von Petersdorf, Magnus Verlag, Stuttgart o. J., S. 32 f.;
S. 84: Heinrich Heine: Die Lorelei; aus: Liebesgedichte, ausgewählt von Thomas Brasch. Insel Verlag, Frankfurt a. M./Leipzig 1992, S. 24 f.;
S. 85 f.: Erich Kästner: Wie Eulenspiegel die Kranken heilte; aus: Erich Kästner erzählt Till Eulenspiegel. Cecilie Dressler Verlag, Hamburg o. J., S. 43–50;
S. 86: Max Kruse: Wie Münchhausen auf der Kanonenkugel ritt; aus: Max Kruse: Wie die Schuhe fliegen lernten und andere Schelmengeschichten. Franz Schneider Verlag, München 1992, S. 130–132;
S. 87 ff.: Astrid Lindgren: Mio, mein Mio. Aus dem Schwedischen von Karl Kurt Peters. Verlag Friedrich Oetinger, Hamburg 1955, S. 7–12;
S. 90 f.: Angela Sommer-Bodenburg: Das Kind unter dem Umhang; aus: Angela Sommer-Bodenburg: Wenn du dich gruseln willst, unheimliche Geschichten. Rowohlt Verlag, Reinbek bei Hamburg 1984, S. 42–49; © Angela Sommer-Bodenburg

Bilquellen:

S. 6: Rowohlt Verlag, Reinbek;
S. 10: Cover: Annika Thor, Ich hätte nein sagen können, Beltz & Gelberg in der Verlagsgruppe Beltz, Weinheim & Basel;
S. 11: aus: A. Jacosson/S. Olsson: Berts gesammelte Katastrophen, Einbandillustration von Franziska Becker, Verlag Friedrich Oetinger, Hamburg 1990;
S. 11: An Rutgers: Die Kinderkarawane. Copyright für das Umschlagbild von Dieter Wiesmüller: 1997 Deutscher Taschenbuch Verlag, München;
S. 11: aus: Jaqueline Wilson: Aprilscherze und andere Katastrophen, Einbandillustration von Barbara Korthues, Erika Klopp Verlag, Hamburg 2003;
S. 11: Otfried Preußler, Krabat, © 1981 by Thienemann Verlag (Thienemann Verlag GmbH), Stuttgart/Wien;
S. 11: aus: Guus Kuijer: Das Glück kommt wie ein Donnerschlag, Einbandillustration von Katrin Engelking, Verlag Friedrich Oetinger, Hamburg 2003;
S. 53: Houghton Library, Harvard University;
S. 56: Beltz & Gelberg, Weinheim;
S. 63, 68: Edith Schreiber-Wicke: Gefährlicher Tausch. © 2007 by Thienemann Verlag (Thienemann Verlag GmbH), Stuttgart/Wien;
S. 87: Verlag Friedrich Oetinger, Hamburg

1. Auflage 1 8 7 6 5 4 | 17 16 15 14 13

Alle Drucke dieser Auflage sind unverändert und können im Unterricht nebeneinander verwendet werden.
Die letzte Zahl bezeichnet das Jahr des Druckes.

Autorin: Sabine Utheß, Berlin

Redaktion: Susanne Altmann-Liebold
Herstellung: Carina Riehl

Gestaltung: one pm Grafikdesing Petra Michel, Stuttgart
Illustrationen: Axel Fahl, Reichelsheim; Iris Hardt, Münster; Angelika Hilbig, Aachen; Cornelia Kurtz, Boppard; Jacqueline Urban, Eisenach; Inge Voets, Berlin; Frauke Weldin, Hamburg
Satz: Markus Schmitz, Büro für typografische Dienstleistungen, Altenberge
Reproduktion: Meyle + Müller Medien-Management, Pforzheim
Druck: Druckhaus Götz GmbH, Ludwigsburg

Printed in Germany
ISBN 978-3-12-314030-3

9 783123 140303